Orientando para a autorrealização

COLEÇÃO A OBRA-PRIMA DE CADA AUTOR

HUBERTO **ROHDEN**
Orientando para a autorrealização

MARTIN CLARET

© *Copyright* desta edição: Editora Martin Claret Ltda., 2013

DIREÇÃO Martin Claret
PRODUÇÃO EDITORIAL Carolina Marani Lima
Flávia P. Silva
Marcelo Maia Torres
PROJETO GRÁFICO E DIAGRAMAÇÃO Gabriele Caldas Fernandes
Giovana Gatti Leonardo
DIREÇÃO DE ARTE E CAPA José Duarte T. de Castro
ILUSTRAÇÃO DE CAPA Fluidworkshop / Shutterstock
REVISÃO Débora Tamayose Lopes
IMPRESSÃO E ACABAMENTO Paulus Gráfica

Este livro segue o novo Acordo Ortográfico da Língua Portuguesa

---

Dados Internacionais de Catalogação na Publicação (CIP)
(Câmara Brasileira do Livro, SP, Brasil)

Rohden, Huberto, 1893-1981.
Orientando para a autorrealização / Huberto Rohden. — São Paulo:
Martin Claret, 2013. — (Coleção a obra-prima de cada autor; 322)

"Texto integral".
Bibliografia.
ISBN 978-85-7232-936-1

1. Autoconhecimento 2. Autorrealização I. Título. II. Série.

13-02548   CDD-291.4

Índices para catálogo sistemático:

1. Espiritualidade: Religião 291.4

EDITORA MARTIN CLARET LTDA.
Rua Alegrete, 62 – Bairro Sumaré
01254-010 – São Paulo, SP
Tel.: (11) 3672-8144 – Fax: (11) 3673-7146
www.martinclaret.com.br
1ª reimpressão - 2014

Sumário

Orientando para a Autorrealização

Advertência 9
Prefácio do editor para a segunda edição 11
Porque este livro 15
Deus 17
Cristo 21
Milagres 25
Infalibilidade 27
Imaculada Conceição 31
Purgatório 35
Inferno 37
Batismo 41
Celibato 45
Bíblia 49
Eucaristia 51
Confissão 55
Primado de Pedro 59
Oração 67
Mulher de Caim 69
Corpo de Jesus 71
Irmãos de Jesus 73

Sacerdócio 79
Reencarnação 83
Verdadeira religião 87
Jesus fundou uma igreja? 93
Livre-arbítrio 99
Vegetarianismo 103
Sobrevivência e imortalidade 107
Sábado e domingo 111
Homem vem do animal? 113
Inspiração divina 117
Disciplina sexual 119
Matrimônio e divórcio 123
Concílio Ecumênico 127
Missa 133
Pedro Papa 135
Jesus morreu — por quê? 137
Morte eterna 139
Alma imortal 141
Autorredenção ou Alorredenção 143
Essência da mensagem do Cristo 145
Espiritismo 147
Meditação 149
Autoiniciação 151
Cosmo-meditação 159
Dados biográficos 165
Relação de obras do prof. Huberto Rohden 169

Orientando para a autorrealização

ADVERTÊNCIA

A substituição da tradicional palavra latina *crear* pelo neologismo moderno *criar* é aceitável em nível de cultura primária, porque favorece a alfabetização e dispensa esforço mental — mas não é aceitável em nível de cultura superior, porque deturpa o pensamento.

Crear é a manifestação da Essência em forma de existência — *criar* é a transição de uma existência para outra existência.

O Poder Infinito é o *creador* do Universo; um fazendeiro é um *criador* de gado.

Há entre os homens gênios *creadores*, embora não sejam talvez *criadores*.

A conhecida lei de Lavoisier diz que "na natureza nada se *crea*, nada se aniquila, tudo se transforma", se grafarmos "nada se *crea*", essa lei está certa, mas, se escrevermos "nada se *cria*", ela resulta totalmente falsa.

Por isso, preferimos a verdade e a clareza do pensamento a quaisquer convenções acadêmicas.

Prefácio do editor para a segunda edição

O único estado permanente é a impermanência. Tudo está fluindo. Vivemos num mundo em constante mudança. Quem não muda perde o contato com o meio ambiente que o cerca e entra num processo de autodestruição negativa. Neurotiza-se. Esquizofreniza-se.

A evolução biológica prossegue na evolução social. A mudança social só é possível com uma mudança de mentalidade. Devemos e podemos mudar nosso modo de pensar.

O homem deve estar em permanente reconstrução. E por isso é livre: a liberdade é o direito de transformar-se.

Mas há obstáculos.

O obstáculo fundamental à mudança é o medo de fracassar, o medo de perder o *status*, o medo de ser desaprovado pelo grupo, o medo de contrariar a "ordem natural das coisas", o medo de incidir em erro.

As pessoas que mais resistem à mudança são as que supõem existir uma ORDEM PREESTABELECIDA NAS COISAS. Negam, portanto, a EVOLUÇÃO como a lei básica da vida e do cosmo.[1]

---

[1] Ver *Treinamento em dinâmica de grupo no lar, na empresa, na escola* — Lauro de Oliveira Lima — Editora Vozes, Petrópolis Rio de Janeiro.

Contudo, ensina o grande livro da natureza: o grão de trigo "deve" destruir-se para se transformar em planta e realizar seu potencial de energia vital.

A mudança é a Lei da Vida.

Huberto Rohden — o autor deste livro — era o homem mais aberto à mudança, em todos os níveis da vida.

Na condição de herdeiro do patrimônio literário de Huberto Rohden, respeitosamente resolvemos mudar o nome desta obra, titulada originalmente *Orientando*.

Mas mudar acrescentando, isto é, por acréscimo.

Antes de o autor deixar o nosso convívio físico, já havia ele trabalhado neste texto, fazendo modificações e acrescentando novos capítulos à obra.

Agora que o livro está saindo em 2ª edição, modificada e aumentada, constatamos que o nome originalmente dado não expressava completamente sua verdadeira mensagem orientadora. E não afirmou Rohden, no seu *A Metafísica do Cristianismo*, que "o nome significa a manifestação externa da essência interna de um ser — pessoa, animal ou coisa"?

Resolvemos modificar o nome do livro acrescentando mais três palavras, por sinal, bem rohdenianas: "... *para sua Autorrealização*".

Fica, assim, definitivamente cunhado o nome deste livro, para todas suas futuras reedições: ORIENTANDO PARA A AUTORREALIZAÇÃO.

No final da obra incluímos dois textos fundamentais de Rohden: Autoiniciação e Cosmomeditação. São duas magníficas mensagens de autoconhecimento e autorrealização, originalmente apresentadas em cassetes e usadas nos cursos dados no Centro de Autorrealização Alvorada, em São Paulo.

Se a vida é atividade com uma direção, isto é, se o homem não pode viver sem objetivos e sem buscar resultados e se esses resultados a certo nível práxicos não podem ser obtidos senão cooperativamente, Rohden dá, neste livro, luminosa orientação para o destino do ser humano: sua própria autorrealização.

Porque este livro...

Quem escreve e publica livros, quem realiza conferências, quem ministra cursos de Filosofia está sujeito a um constante bombardeio de perguntas e consultas, feitas oralmente ou por escrito. É que a visão incompleta e unilateral de qualquer assunto suscita dúvidas, obscuridades, que reclamam ulterior elucidação.

Em centenas de cartas tenho tentado esclarecer os interessados. Hoje tentarei um esclarecimento coletivo, por meio deste livro, em que focalizo umas dezenas de problemas controversos. Nutro, todavia, a certeza de que nenhuma destas respostas dará ao interessado clareza e segurança definitiva e cabal, se ele não passar do terreno da simples análise mental para a zona da experiência *espiritual*; e essa experiência íntima não lhe poder ser dada por mim nem por ninguém; ela tem de brotar das últimas profundezas da alma de cada um.

Por isso, meu caro leitor, convido-a submergires frequentemente no misterioso oceano da meditação e contemplação espiritual, onde encontrarás plenamente a certeza que eu não te posso dar por meio de explicações intelectuais analíticas. O que te vou dizendo nas seguintes páginas não passa de umas setas à beira da estrada; não basta contemplar estas setas indicadoras, é necessário que, depois de as contemplar atentamente, as abandones e sigas, com teus próprios pés, na direção indicada. As setas podem dar-te luz, mas a força de andares não vem delas; essa tem de surgir de dentro de ti mesmo; não do teu pequeno ego humano, consciente, mas do teu grande Eu divino, superconsciente. Esse Eu divino, porém, só acorda em ti no meio de um grande silêncio e duma profunda introspecção.

Caso pertenças a determinado grupo religioso organizado, com sua teologia e dogmas tradicionais, previno-te que não inicies a leitura deste livro com o secreto desejo de nele encontrares confirmação das tuas crenças. Despe-te totalmente de qualquer preconceito; não te preocupes por agradar a teus chefes espirituais, a tuas doutrinas peculiares — acende em ti o desejo sincero e puro de quereres encontrar a VERDADE, favorável ou desfavorável a tuas ideias tradicionais ou à teologia do teu grupo. Somente a VERDADE é LIBERTADORA!

DEUS

— Você crê na existência de Deus?
— Talvez não dum Deus a que você se refere.
— Que é que você entende por Deus?
— Por Deus entendo a Realidade absoluta, eterna, infinita, universal, a Causa-prima de todas as coisas; a Consciência Cósmica; a Alma do Universo; ou, no dizer de Einstein, a grande Lei que estabeleceu e mantém a harmonia do Universo. O que admito é a Vida Universal, que em todos os seres vivos se reflete como vida individual. Estou com Paulo de Tarso, que disse aos filósofos de Atenas: "Deus é aquele Ser no qual vivemos, nos movemos e temos a nossa existência".
— Quer dizer que você não admite um Deus pessoal?
— Se por "pessoal" você entende um Deus "individual", limitado, finito, é claro que não admito semelhante pseudo-deus, porque seria a negação radical do Deus verdadeiro, que não tem limitação no tempo e no espaço.
— Você tem certeza da existência desse Deus universal?
— Certeza absoluta, embora a palavra "existência" não seja muito exata. Deus não "existe", Deus "é". Existir, em sentido próprio, só se pode dizer de creaturas individuais, finitas, limitadas, Existir (de existir, de ser colocado fora) só se diz

de um efeito, mas não da Causa; aquele existe é "colocado fora" ou produzido; a Causa, porém, siste ou simplesmente É. Deus, o Universal, é; nós, os individuais, existimos.

— Quer dizer que você pode provar a realidade de Deus?

— Provar, não; ter certeza, sim.

— Como? Se não pode prová-la, donde lhe vem a certeza da realidade de Deus? A certeza não vem das provas?

— Nas coisas objetivas, individuais, a chamada certeza vem das provas, como todo cientista sabe; mas, não sendo Deus um objeto ou indivíduo, a certeza que dele temos não pode vir das provas científicas, analíticas.

— Donde lhe vem, pois, essa certeza?

— Brota das profundezas da experiência íntima. É o resultado de uma intuição espiritual, que não pode ser explicada a quem não a teve. Quem nunca teve amor ou alegria nunca saberá o que essas coisas são, por mais que alguém as defina e descreva e analise teoricamente. Quem nunca viveu Deus nas profundezas do seu ser central, esse não tem certeza da sua realidade, por mais que estude e analise os chamados argumentos pela existência de Deus. Esses argumentos servem apenas para remover obstáculos, abrir caminho, desobstruir canais — mas nenhum deles pode dar certeza real e cabal sobre Deus. Para que essa certeza brote das divinas profundezas da alma humana, deve o homem levar uma vida ética compatível com a santidade de Deus e deve também se abismar, de vez em quando, num profundo silêncio, a sós com sua alma. Então ouvirá os "ditos indizíveis", de que fala Paulo de Tarso quando é arrebatado ao "terceiro céu". Quem admite um Deus pessoal cientificamente provado, é ateu — e quem adora esse Deus demonstrado é idólatra.

— Você crê que há três pessoas em Deus?

— Se não há em Deus nenhuma pessoa, como é que haveria três?

— Mas a teologia fala de três pessoas, da santíssima Trindade...

— Talvez para sua grande surpresa, devo lhe dizer que a trindade divina não é admitida apenas pela teologia cristã; todas as grandes filosofias da Antiguidade reconhecem em Deus três pessoas.

— Então?

— Resta saber o que essas filosofias entendem por "pessoa", ou *persona*. A palavra latina *persona*, de que fizemos "pessoa", quer dizer literalmente "máscara". *Persona* vem de *personare* (soar, falar através) e significa aquela máscara ou fantasia que o ator, no tempo do Império Romano, adaptava ao rosto, quando representava no palco, e através de cuja boca aberta falava. Terminada a peça teatral, o ator tirava a *persona* e, em outro drama, aparecia com outra *persona*. A *persona* ou pessoa significava, pois, a função, o papel do ator, mas não era a sua verdadeira natureza. Desse modo, o Deus Universal se revela em diversas *personae* ou funções; e as funções fundamentais são três: a função ou *persona* do pai, do filho e do espírito universal (santo quer dizer universal). Na filosofia oriental, Brahman, o Deus Universal, funciona, no mundo individual, como Brahma (pai), Vishnu (filho) e Shiva (espírito universal); ele é o início (pai), a continuação (filho) e a consumação (espírito) de todas as coisas.

— Mas Jesus não fala de três indivíduos distintos, quando se refere à trindade?

— Jesus se serve de linguagem simbólica. Mas não deixa de afirmar "Eu e o Pai somos um". "O Espírito Santo tomará do que é meu e vô-lo anunciará". "O Espírito da Verdade ficará convosco para sempre — eu estarei convosco todos os dias até a consumação dos séculos". Tomás de Aquino, filósofo e teólogo, escreveu volumes repletos de erudição. Pelo fim da vida, ele teve uma visão da Verdade; e nunca mais escreveu um livro erudito. Perguntado pelo motivo dessa renúncia, o grande teólogo respondeu: "Tudo que escrevi é palha". Tomás de Aquino chama "palha", sobretudo, os cinco argumentos eruditos com que ele tentara demonstrar, cientificamente, a existência de Deus. Ninguém pode demonstrar ou provar analiticamente, intelectualmente, a realidade de Deus; mas pode ter plena certeza disso por meio de uma intuição espiritual, que é racional, mas não intelectual.

Einstein afirma até que as leis fundamentais não podem ser conhecidas por análise lógica, mas somente por intuição. E acrescenta: "A certeza intuitiva não pode ser alcançada por análise intelectual".

CRISTO

Quem é ele?

É Filho de Deus?

É Deus mesmo?

Há quase dois milênios que se repetem e discutem estas perguntas.

A sinagoga de Israel exigiu a morte do Nazareno pelo fato de "ter se tornado Deus".

Um dia, perguntou Jesus aos chefes espirituais de Israel: "Que vos parece do Cristo? Quem é ele?".

Ao que eles responderam prontamente: "É filho de Davi".

Jesus, porém, lhes faz uma contrapergunta que equivale a uma negação da resposta dos teólogos judeus: "Se o Cristo é filho de Davi, como é que o próprio Davi, em espírito (profético), lhe chama seu Senhor?"

E não houve quem lhe soubesse dar resposta.

E os teólogos cristãos dos nossos dias continuam devendo a resposta de seus colegas judeus, há quase dois milênios.

E em outra ocasião disse Jesus: "Abraão desejou ver o meu dia, viu-o, e exultou em espírito".

Ao que os chefes de Israel replicam: "Como? Tu viste Abraão, e não tens ainda quarenta anos?"... E procuraram apedrejá-lo como blasfemo.

Responde-lhes Jesus: "Antes que Abraão fosse feito, eu sou".

Quem é esse "eu"? Certamente não Jesus de Nazaré, que nasceu milênios depois de Abraão.

Na última ceia profere Jesus estas palavras: "Pai! é chegada a hora! Glorifica-me agora com aquela glória que eu tinha em ti, antes que o mundo existisse!"

Quem tinha essa glória em Deus, antes da criação do mundo? Certamente não Jesus de Nazaré, mas sim o Cristo anterior à encarnação, o Cristo Cósmico, pré-telúrico, pré-humano.

Aliás, todos os videntes inspirados confirmam essa verdade.

João, logo no início do seu Evangelho, diz que: "no princípio, era o Verbo, e que o Verbo estava com Deus... que todas as coisas foram feitas por ele... e o Verbo se fez carne e fez habitáculo em nós...". Logo, antes de se fazer carne através de Maria, já havia o Verbo, o Logos, o Cristo Cósmico.

E Paulo de Tarso fala aos colossenses do "primogênito de todas as criaturas", o Logos-Cristo, pelo qual, no qual e para o qual foram criadas todas as coisas, no Universo visível e invisível.

E aos cristãos de Filipes escreve que o Cristo Cósmico, que subsistia na forma de Deus, se despojou dos esplendores da divindade, isto é, da forma gloriosa do Cristo-Luz, e assumiu a forma humilde de um homem, de um servo, de uma vítima, de crucificado.

Segundo todos os livros sacros da humanidade, há uma creatura primeva e primeira; há uma forma individual do Espírito Universal, forma acima e anterior a todas as outras formas existenciais da divina Essência. Esse "primogênito de todas as criaturas", esse "Adi-Atman" é o Verbo, o Cristo Cósmico, que, aqui na Terra, se tornou visível na pessoa de Jesus de Nazaré e, possivelmente, em outras formas.

Para nós, é o Cristo, isto é, Ungido, permeado pelo espírito de Deus ao ponto de resultar a mais perfeita das criaturas, ele, "no qual habita individualmente toda a plenitude da Divindade".

O Cristo, o Logos, o Verbo é a mais antiga e mais perfeita individuação ou entidade cósmica que emanou da Divindade Universal.

Essa emanação individual é chamada "filho de Deus".

Milagres

Você crê em milagres?

— Que é que você entende por milagre?

— Entendo um fato ou processo que ultrapasse ou seja contrário às leis da natureza.

— Nesse sentido, não há nem jamais houve milagre.

— Que é que você entende por milagre?

— Milagre — em latim *miraculum* — é algo que a gente "admira" ou "estranha", como diz a própria palavra. Por que alguém estranha um fenômeno? Porque lhe ignora a causa. Ninguém admira, estranha, algo cuja causa conhece. Milagre é, pois, algum fato ou processo que ultrapassa o alcance do meu conhecimento. Mas daí não se segue que ultrapasse as barreiras da natureza, a não ser que alguém julgue conhecer todas as forças da natureza. A natureza é infinitamente mais vasta do que o alcance dos nossos conhecimentos. Abrange todas as realidades, mesmo as que ultrapassam os sentidos e a inteligência. Também as forças espirituais fazem parte da natureza. A natureza é material-
-mental-espiritual, e tudo quanto acontece dentro desse âmbito é natural. Também Deus faz parte da natureza, tanto assim que ele é a causa única de todos os efeitos. É anticientífico definir a natureza em termos de "matéria e força", entendendo-se com isso apenas as matérias e as forças acessíveis aos

sentidos e ao intelecto analítico. Ora, como poderia algo acontecer para além ou contra as forças da natureza, quando essas forças são ilimitadas? Os chamados milagres ultrapassam, sim, o estreito âmbito daquilo que nós conhecemos da natureza, mas não ultrapassam a natureza. Séculos atrás, um avião, um aparelho de rádio, radar ou televisão teriam sido milagres, porque ultrapassavam as raias do conhecimento humano. Para o mundo irracional, pensar é milagre, e sempre será milagre. Para os animais, cada um de nós é um taumaturgo. Para o homem da Era Atômica ainda é milagre tornar-se subitamente invisível ou elevar-se aos ares sem aparelho algum, mas para os nossos pósteros nada disso será milagre.

De resto, o texto grego do Evangelho não afirma uma única vez que Jesus tenha realizado "milagres"; diz constantemente que realizou *dynameis* (plural de *dynamis*), isto é, "obras de poder". De fato, para Jesus, esses fatos não eram "milagres" — *miracula*, coisas para serem admiradas — eram simplesmente "obras de poder, *dynameis*. Só na tradução latina é que aparece a palavra "milagre". Milagres, é verdade, eram esses fatos para o povo, para os ignorantes, como milagre é para nós tudo aquilo cuja causa ignoramos.

INFALIBILIDADE

—Voce crê na infalibilidade?
— Creio na infalibilidade de Deus, e de mais ninguém.
— Quer dizer, voce não admite a infalibilidade do Papa?
— Como poderia eu admitir algo flagrantemente desmentido pelos fatos históricos?
— Como assim?
— O dogma da infalibilidade pontifícia foi definido em 1870; até essa data era objeto de acaloradas discussões, prós e contras, dentro da própria igreja de Roma. E mesmo durante o Concílio Vaticano I, que definiu a infalibilidade como dogma, foi grande a oposição de sacerdotes e bispos que viam nisso uma perigosa "inovação" e uma oportunidade para entregar aos inimigos "armas" contra a igreja, como disse o Arcebispo de Paris, porque se achava em conflito com os fatos históricos do passado.
— Em conflito com os fatos?
— Sim, em flagrante conflito com os fatos.
— Então, algum dos papas falhou, alguma vez, em matéria de fé ou de moral?
— Não me refiro às faltas pessoais de diversos papas, notoriamente pecadores e escandalosos, uma vez que o dogma da infalibilidade não se refere à impecabilidade pessoal do pontífice, mas trata da infalibilidade doutrinária em matéria de fé e moral.

— E foi nesse ponto doutrinário que algum papa falhou?

— Falhou, sim, e continua a falhar.

— Como assim? É verdade que algum dos papas da Antiguidade subscreveu uma profissão de fé ariana, herética, como ouvi dizer?

— Meu amigo, não me interessa absolutamente saber se existe ou não, nos arquivos do Vaticano, algum pergaminho secreto nesse sentido. Refiro-me a fatos históricos notórios e universalmente conhecidos.

— Por exemplo?

— É ou não é proibido matar?

— Certamente, diz o quinto mandamento: "Não matarás". Será que algum papa ensinou a liceidade do homicídio?

— Não um ou dois, mas muitos, através dos séculos.

— Que está dizendo?

— Durante diversos séculos, nos tempos das Cruzadas e da Inquisição, mandaram os papas matar centenas de milhares de pessoas inocentes, homens, mulheres e crianças, só por não aceitarem o Cristianismo (infiéis) ou por serem contrários à teologia de Roma (hereges). Pergunto: Falharam ou não falharam em matéria de moral cristã, ensinando como lícito o que é gravemente ilícito? Onde está, pois, a infalibilidade pontifícia em matéria de moral?

Tomás de Aquino, considerado o maior teólogo romano e canonizado como santo, declara, em sua

Summa Theologiae e sua Summa contra Gentiles, que em quatro casos é permitido matar pessoas humanas, não uma mas muitas, a saber: 1) em caso de legítima defesa; 2) em caso de guerra justa; 3) em caso de crime grave, pode a autoridade civil punir com a morte o criminoso; 4) pode o magistério eclesiástico condenar à morte os hereges impenitentes. Essa doutrina foi oficialmente aprovada e continua a ser ensinada publicamente em nossos dias.

— Pergunto: Teria Jesus aprovado o homicídio em algum desses casos? Nem sequer o aprovou no primeiro caso, que até parece razoável. Quando Pedro, adepto dessa mesma doutrina mais tarde professada por Tomás de Aquino e sua igreja, quis matar um inimigo de Jesus, na mais legítima defesa que se pode imaginar, o divino Mestre não o permitiu. Quando João e Tiago, atravessando a Samaria e enfrentando a hostilidade dos samaritanos, quiseram chamar "fogo do céu" para matar seus inimigos, Jesus os censurou severamente, dizendo: "Não sabeis que espíritos vos anima!". Mas esse mesmo espírito anticristão que animava os dois "filhos do trovão" é o mesmo que Tomás de Aquino, o "santo", defende em seus livros aprovados e recomendados como profundamente cristãos; o mesmo espírito que animava os pontífices romanos das Cruzadas e da Inquisição, e que os anima até aos nossos dias; se as leis civis o permitissem, veríamos mais uma vez arder autos de fé por toda a parte?

— Pergunto: Esses guias espirituais guiam os seus adeptos pelos caminhos certos do espírito do Cristo — ou pelos caminhos incertos das teologias e das ambições humanas? Não lhe fulminaria o divino Mestre o mesmo anátema que lançou aos chefes espirituais da sinagoga do seu tempo: "Guias cegos conduzindo outros cegos!... Ai de vós, que roubastes a chave do conhecimento do reino de Deus! Vós não entrais, nem permitis que entrem os que quiseram entrar!".

É sabido que o papa excomunga qualquer pessoa ou sociedade espiritual que não harmonize com a teologia romana, por maior que seja o apostolado espiritual, cristão e ético que essas pessoas ou sociedades realizem no mundo. Haja vista o Exército da Salvação, que presta imensos benefícios éticos e sociais à humanidade inteira, não hostiliza nenhuma igreja, aceita a colaboração de toda e qualquer pessoa de boa vontade, de qualquer igreja, seita ou grupo religioso e, no entanto, é violentamente hostilizado pelos papas e pelo clero, unicamente por não depender da hierarquia romana.

Onde está o espírito de Cristo? De que adianta apelar para a infalibilidade, quando tudo isso são outras tantas falências e apostasias do Cristianismo?

Felizmente, como já dissemos, pelo fim da vida, Tomás de Aquino confessou: "Tudo que escrevi é palha".

Infelizmente, essa "palha" teológica continua a ser oferecida como verdade divina aos católicos.

Imaculada Conceição

— Você crê na Imaculada Conceição de Maria?
— Creio, sim, não só de Maria, mas de todos os homens.
— Como?
— Sim, nesse ponto, eu sou mais "católico" que o papa; sou tão "católico" como Jesus Cristo.
— Estou sem nada compreender. Esperava que você hostilizasse essa doutrina, tão tipicamente católica.
— Mas, já lhe disse, eu sou muito mais "católico" — isto é, universal — do que o papa, os bispos e os padres; e é por isso mesmo que não sou romano como eles. Porque a romanidade é uma restrição à catolicidade; e, como eu sou 100% católico, sou 0% romano, ao passo que eles são geralmente 90% romanos e, quando muito, 10% católicos.
— Mas... não fomos todos nós concebidos naturalmente, pela cooperação de pai e mãe?...
— Meu amigo, vejo que você elabora no erro popular tão comum de que "imaculada conceição" queira dizer "conceição virginal", assexual, só por parte da mulher, sem a intervenção do homem.
— Pois não é isso que se entende por "imaculada conceição"?
— Não, senhor! Isso se chama "maternidade virginal". A Igreja Católica nunca ensinou que Maria tivesse sido concebida desse modo, só por

parte da mulher — tanto assim que venera como pais de Maria a São Joaquim e Sant'Ana.

— Que é, então, "imaculada conceição"?

— É a doutrina de que Maria, desde o primeiro instante da sua existência, no seio materno, foi preservada do pecado original, que, segundo a teologia eclesiástica, foi cometido por Adão e passou para todos os homens, que por isso estariam infeccionados automaticamente por essa nódoa moral.

— E você acredita que Maria foi preservada dessa mancha?

— Acredito, sim; e não só ela, mas todos nós também. Todos os homens são de imaculada conceição, porque todos nós, quando concebidos, éramos sem pecado.

— Por que você admite isso?

— Porque é essa a genuína doutrina de Jesus Cristo; a outra é dos teólogos humanos; mas eu sou mais cristão que teólogo. Queira citar-me uma só passagem do Evangelho que prove ter Jesus admitido o pecado original para alguma pessoa humana. Quando propôs a seus discípulos litigantes aquela criança e deles exigiu que, se quisessem entrar no reino dos céus, se convertessem e tornassem como esse inocentinho; pergunto se Jesus considerava aquela alma infantil pura ou impura. Acha você que ele teria proposto aos impuros um modelo impuro para ser imitado? Que lógica é essa?

— Deveras, você tem razão...

— Jesus ameaça tremendos castigos aos que levarem uma criança ao pecado, porque seus anjos, diz ele, contemplam sem cessar a face do Pai dos céus. Acha você que os anjos de Deus estariam protegendo carinhosamente um "filho de Satanás"? E como "levar ao pecado" a quem já estava em pecado?...

"Deixai vir a mim os pequeninos — diz o divino Mestre — porque de tais é o reino dos céus". Segundo as teologias eclesiásticas, de tais é o reino do diabo, porque toda criança recém-nascida e não batizada é filha de Satanás.

Não faz tudo isso ver que Jesus nada sabia de pecado original, que considera todos os homens inicialmente puros e sem pecado, de imaculada conceição? Por que, pois, restringir um fato universal a um privilégio excepcional reservado à mãe de Jesus? Realmente, nesse ponto, como aliás em tantos outros, a teologia eclesiástica derrotou a catolicidade cristã. É necessário que sejamos bem mais católicos, isto é, "universalistas", do que somos.

Jesus só conhece pecado cometido pelo próprio pecador, e não pecado herdado de outro homem.

É tempo de ultrapassar as nossas teologias e voltar aos próprios ensinamentos de Jesus.

Purgatório

— Será que existe purgatório?

— O protestantismo rejeita a ideia do purgatório, porque não encontra essa doutrina contida nos livros bíblicos que ele reconhece como únicos livros inspirados.

Esse argumento, como se vê, parte duma falsa premissa, a saber, que nada se deva aceitar como verdade espiritual que não esteja na Bíblia. Julgam eles que a Bíblia pretenda ser a suma de todas as verdades espirituais da humanidade. Há, porém, muitas verdades espirituais que não estão na Bíblia, como, por outro lado, há na Bíblia muitas coisas que nenhum cristão esclarecido admitirá, porque o próprio Jesus não as admitiu. "Foi dito aos antigos, eu, porém, vos digo". Aceitar a lei mosaica do talião — "olho por olho, dente por dente"; apedrejar as mulheres adúlteras, como Moisés prescrevia; tirar vingança, até em crianças inocentes, pelas ofensas de seus antepassados, como recomenda o Salmo 137; tudo isso seria verdadeira apostasia do espírito do Evangelho. E por que não guardam os cristãos o 7º dia como dia de descanso, quando isso se encontra claramente no Antigo Testamento?

A ideia da existência de um lugar — ou melhor, estado de purificação após-morte é perfeitamente razoável, embora a concepção desse processo deva ultrapassar os estreitos limites do sofrimento. É razoável admitir que as almas humanas, depois de deixar a vida terrestre, e não sendo totalmente puras, tenham oportunidade de ulterior purificação, por meio de um progressivo conhecimento e amor de Deus.

O purgatório não pode ser concebido apenas como estado de sofrimento passivo, em pagamento de débitos antigos, mas é também uma positiva evolução espiritual e moral rumo a Deus.

A ideia de um estágio de purificação progressiva é bem mais razoável que a de um estado definitivo logo após a morte. A maior parte das almas humanas, no momento da separação do corpo, não se acha em estado de pureza total, nem de impureza irremediável. Ora, como a liberdade é um atributo da alma, e não do corpo, e como essa liberdade não pereceu com a morte física, é evidente que a alma separada do corpo tem a possibilidade de se purificar, na medida da sua iluminação espiritual.

INFERNO

— Você crê em penas eternas?
— Por que não? Se um pecador, humano ou supra-humano, livremente se revoltar contra Deus e livremente mantiver essa sua rebeldia, quem pode abolir esse seu estado de pecado senão ele mesmo? E como o pecado é um inferno inconsciente, assim como o inferno é um pecado consciente, não é evidente que esse pecador crea a sua pena eterna? O erro tradicional, tanto dos que afirmam como dos que negam a eternidade do inferno, está no fato de considerarem o inferno como uma criação de Deus, quando, na realidade, Deus nada tem a ver nem com a creação, nem com a abolição do inferno ou de penas eternas. Onde começa a liberdade da creatura, ali cessa a responsabilidade de Deus, tanto para o bem como para o mal que essa creatura fizer. Assim como Deus não obriga nenhuma creatura livre a ser boa, assim também não a obriga a ser má. A creatura é livremente boa e livremente má; crea o seu céu e crea o seu inferno. O inferno não é algo adicionado ao pecado que o pecador comete livremente, é apenas a plena consciência do seu estado pecaminoso. Na vida presente, pode o homem ser pecador sem se sentir no inferno, porque não tem ainda a consciência plena do seu verdadeiro estado. Potencialmente, todo pecador está no inferno, agora mesmo; se os seus sentidos e intelecto,

que servem como interceptores da luz da verdade, ou "válvulas de retenção", não exercessem sobre a alma do pecador uma ação de obscurecimento do seu estado real, todo pecador se sentiria no inferno agora mesmo. Não foi Deus que o lançou ao inferno potencial do inferno inconsciente (pecado). E não é Deus que o lança ao inferno atual do inferno consciente (pena), nem o mantém nesse inferno, é unicamente o homem que livremente entra e livremente permanece nesse inferno que ele mesmo crea e mantém.

Pensar que Deus dê ao homem a possibilidade de cair nesse inferno e depois lhe negue a possibilidade de sair dele, é flagrantemente antirracional, além de supinamente blasfemo. Que diríamos de um pai humano que permitisse a um filho ofendê-lo, mas depois lhe negasse a possibilidade de se arrepender e pedir perdão? Esse pai monstruoso é o Deus das nossas teologias. Que admira que muitos homens pensantes e sinceros se afastem das igrejas e pratiquem a sua religião fora das organizações eclesiásticas? O ateísmo é produto específico do nosso cristianismo teológico; fora do cristianismo não há ateus. O ateu nunca nega o Deus verdadeiro, nega aquela caricatura de Deus que os teólogos lhe apresentaram e que sua razão esclarecida repele; e, como muitos não encontram outro Deus fora daquele que rejeitaram, por motivos de sinceridade consigo mesmos, dizem-se ateus. No dia e na hora em que chegam a conhecer o Deus verdadeiro deixam de ser ateus.

As penas do pecado, portanto, são eternas se o pecador quiser; não são eternas se ele não quiser. Atribuir a Deus o que corre unicamente em razão do homem, é grande injustiça.

Mas não há tantos textos na Bíblia, até no Evangelho de Jesus, que provam a eternidade das penas do inferno?

Há também outros textos que provam o contrário. "Faze as pazes com teu adversário enquanto estás com ele a caminho, para que ele não te entregue à justiça e sejas lançado ao cárcere; pois eu te digo que daí não sairás até que tenhas pago o último centavo". O cárcere é o inferno; se dele pode o homem sair depois de se libertar do seu derradeiro débito moral, onde está a impossibilidade de sair do inferno? Na parábola das dez virgens, afirma Jesus que todas elas são do reino de Deus, inclusive as cinco virgens, tolas, porquanto "o reino dos céus é semelhante a dez virgens".

Afirmar que Deus dê ao homem uberdade para pecar e lhe negue a liberdade para se converter é abolir tanto o amor como a justiça de Deus. Admitir que lhe conceda cinquenta ou oitenta anos de uberdade para pecar e depois lhe negue essa uberdade por toda a eternidade é o mesmo absurdo. Crer que Deus inflija um castigo infinito (eterno) por um erro finito (temporário) é não somente pecar contra o amor e a justiça de Deus mas equivale também a um pecado mortal contra a lógica, uma vez que nenhum ser finito é capaz de um sofrimento infinito; o eterno, porém, é o infinito no tempo. O finito só pode suportar um sofrimento finito.

Suponhamos, meu amigo, que você esteja salvo, no céu, e seus pais e seus irmãos estejam perdidos para sempre no inferno; se você fosse capaz de gozar eternamente a sua felicidade, sabendo que outros são eternamente infelizes, seria você um egoísta muito maior do que os condenados; aqueles seriam egoístas no sofrimento, e você seria um egoísta no gozo. Se eu tivesse a escolha de simpatizar ou com esta ou com aquela parte, creio que as minhas simpatias seriam antes para os egoístas no sofrimento do que para os egoístas no gozo. A obtusidade do nosso senso de solidariedade universal, a impossibilidade de experimentarmos a humanidade como uma família e sentirmos em nós a vida universal do cosmos é que torna possível essa monstruosa teologia de um céu eterno para os bons e um inferno eterno para os maus. Tolstói, Gandhi, Schweitzer e muitos outros clarividentes acharam tão revoltante a ideia de eles gozarem ao lado de milhões de sofredores que nivelaram as diferenças entre si e os outros, ou fugindo da sua prosperidade, ou fazendo outros participarem dela. Isso é solidariedade universal.

Aliás, na Bíblia, a palavra "eterno" não significa sem fim. "Na presente eternidade casa-se e dá-se em casamento; mas na futura eternidade não se casa nem se dá em casamento." (É o texto grego do século I.) Se há eternidades, no plural, eterno não quer dizer "sem fim". Idem: "Deus reina por todas as eternidades das eternidades".

Aion, em grego, quer dizer uma longa duração de tempo, mas não um tempo sem fim.

Batismo

—Se não há pecado original, como você disse, por que então batizar?

— Jesus não mandou batizar crianças para tirar o pecado original. Nem João, o Precursor, batizava crianças. João batizava adultos; depois de internamente convertidos da sua impureza moral, exigia ele que dessem também uma prova externa dessa sua conversão. Não era a cerimônia da submersão nas águas do Jordão (batismo, em grego, quer dizer submersão ou mergulho) que tirava os pecados, mas sim a conversão que precedera a essa cerimônia, como se depreende claramente do texto do Evangelho. A submersão nas águas era o ritual que confirmava o espiritual. Um rito externo não pode dar pureza interna, porque o efeito não pode ser maior que sua causa. No caso de a realidade espiritual interna (conversão) não existir, a cerimônia material externa (submersão, batismo) não produz conversão. Nem Deus se serve de um processo puramente material para produzir efeito espiritual. Naturalmente, os que creem num pecado original automaticamente herdado de outrem podem também crer num batismo material que purifique automaticamente, por obra e mercê de terceiros.

* * *

Se traduzíssemos a palavra grega *baptizo* não por batizar, mas sim por "mergulhar" ou "imergir", que é o seu sentido real, desapareceria toda a dificuldade. Imergir, ou mergulhar, como São Paulo explica tão admiravelmente, significa "morrer para o pecado"; emergir, que se segue ao imergir, simboliza "ressuscitar para a santidade". Sendo o batismo completo uma imersão e uma emersão, um morrer e um ressuscitar, morte do "homem velho" e a vida do "homem novo", temos o maravilhoso simbolismo dessa cerimônia. Ser batizado quer dizer morrer para o pecado e viver para a santidade.

De fato, João entendia o batismo nesse sentido. Aos publicanos que lhe pediam o batismo, dizia ele: "Não exijais mais do que a lei vos mandou"; aos soldados, dizia: "Não pratiqueis violências e contentai-vos com o vosso salário". Aos ricos, dizia: "Quem tem duas túnicas dê uma a quem não tem nenhuma, e quem tem o que comer dê de comer àquele que não tem" — quer dizer que exigia conversão espiritual interna e só depois admitia os candidatos de boa vontade à cerimônia ritual externa, dramatizando com esse símbolo material aquele ato espiritual.

E foi nesse sentido que Jesus recomendou a seus discípulos o batismo de João, tanto assim que exige fé interna antes do rito externo: "Quem não tiver fé será condenado" (mesmo que seja ritualmente batizado), mas "quem tiver fé e for batizado será salvo". Para ser salvo, é necessário converter-se interiormente (fé) e dar testemunho da conversão exteriormente (rito); mas, para ser condenado, basta não se converter interiormente (não ter fé).

Já a criança não necessita de conversão, porque ela, por sua própria natureza, já "tem fé em mim" (no Cristo) e "de tais é o reino dos céus", não há necessidade alguma de administrar às crianças o rito simbólico, porque seria um símbolo vazio sem o correspondente ato interior. Como se poderia purificar o que é puro? Como cristificar o que é crístico?

A ideia teológica de que o batismo tenha por fim tirar o pecado original é uma doutrina diametralmente anticristã, uma vez que para o Cristo não existe nenhum pecado original; só existem pecados pessoais, e o batismo visa estes, exclusivamente.

Celibato

— Você aprova o celibato?

— Aprovo e recomendo o celibato voluntário, isto é, a abstenção sexual espontânea. Reprovo e condeno o celibato compulsório, porque é contra a natureza e o Evangelho e é fonte de grandes males, físicos e morais. Nem Jesus nem São Paulo obrigaram pessoa alguma, nem leigo nem sacerdote, à abstenção sexual, mas ambos recomendam essa prática como útil para a espiritualização, como sabem quase todos os mestres da vida espiritual. O celibato sacerdotal obrigatório foi decretado pela Igreja de Roma no século XI, não por motivos espirituais, mas por considerações políticas e financeiras. O padre sem família é um instrumento mais dócil e manejável nas mãos da hierarquia eclesiástica do que o homem casado e pai de família. Além disso, quando um sacerdote celibatário morre, deixa, não raro, a sua fortuna para a Igreja, ao passo que os bens materiais do cidadão casado passam para seus herdeiros. O celibato voluntário favorece a espiritualidade; o celibato obrigatório favorece a hipocrisia, mesmo no caso de ter sido livre inicialmente. Muitos padres não conseguem guardar, mais tarde, o que no princípio julgavam possível e, como a lei eclesiástica não lhes permite o casamento público, começam a levar vida sexual secreta, introduzindo em sua vida um elemento de simulação e hipocrisia, resultado de uma inovação eclesiástica contrária ao espírito do Evangelho de Jesus Cristo. Se o celibato sacerdotal fosse permanentemente livre, não haveria esse perigo de duplicidade de vida. Tudo que é contrário às leis de Deus e do Evangelho é prejudicial espiritualmente, embora traga vantagens materiais.

* * *

De resto, convém não esquecer que o Direito Canônico da Igreja Romana não considera excomungado nenhum sacerdote que viva com mulher, ou mulheres; excomungado é somente o padre que, como diz a lei eclesiástica, "atentar matrimônio civil", isto é, o padre que deixa num cartório documento por escrito do seu casamento. Se conviver maritalmente com mulher não incorre em excomunhão; se deixar documento legal em cartório, sim. Quer dizer que a excomunhão incide no legal, e não no moral. Se porventura um padre deixasse em cartório contrato de casamento e não convivesse com a mulher, seria excomungado pela lei eclesiástica, embora não cometesse pecado contra a castidade sacerdotal.

A finalidade do celibato sacerdotal é não moral, mas simplesmente legal e social. Se o motivo fosse moral, é certo que Jesus teria obrigado seus discípulos ao celibato, o que não fez, limitando--se a aconselhar a abstenção sexual espontânea e livre. Na teologia eclesiástica impera o motivo legal e social. Um sacerdote legalmente casado, com documento reconhecido em cartório, não é um instrumento dócil e maleável nas mãos da autoridade eclesiástica, porque está radicado na sociedade civil, tem obrigações para com mulher e filhos, segundo as leis vigentes em seu país, e isso restringe grandemente a autoridade da hierarquia eclesiástica. De resto, se um padre casado falecer, os seus bens passam automaticamente para a mulher e os filhos, e não para a Igreja.

Por esses motivos, sociais e financeiros, a teologia eclesiástica fulmina excomunhão ao sacerdote que deixa documento legal do seu casamento, mas não excomunga o padre que vive com mulher ou mulheres.

Numerosos padres, como é sabido não só dos leigos, senão também dos próprios bispos, têm mulher e filhos, mas tiveram o cuidado de não deixar nas mãos da autoridade civil um documento oficial do fato e por isso continuam a exercer normalmente as suas funções sacerdotais.[2]

---

[2] De resto, vai estranho paradoxo nesse assunto. Por um lado, a Igreja Romana não reconhece como verdadeiro matrimônio entre católicos o casamento civil; por outro lado, excomunga o padre que casa pelo civil, como se fosse realmente casado.

Por onde se vê claramente: 1) que o motivo da excomunhão não é o casamento, que, segundo o Direito Canônico, não existe; 2) que o motivo também não é o fato de o padre viver com mulher (pois, se viver com mulher sem deixar documento no cartório, não é excomungado); o verdadeiro motivo está no fato de o padre deixar um documento oficial desvantajoso aos interesses políticos e financeiros da hierarquia eclesiástica.

O povo católico, porém, é mantido na ilusão de que a razão do celibato tenha caráter espiritual-moral. Se assim fosse, por que não teria Jesus obrigado seus discípulos ao celibato?

BÍBLIA

— Você crê na Bíblia?
— Meu amigo, essa palavra "Bíblia" é muito vaga. Pode significar as coisas mais heterogêneas, e até contraditórias. Por isso, não lhe respondo nem com um sim, nem com um não. Moisés, por exemplo, manda apedrejar as mulheres adúlteras (não os homens!); Jesus proibiu que a adúltera fosse apedrejada. Moisés, e o Antigo Testamento em geral, aprovam a vingança pessoal, o egoísmo sectário e nacionalista, a matança de homens, e até de pessoas inocentes; Jesus não aceita nada disso.

O Antigo Testamento reconhece a lei do talião: "olho por olho, dente por dente"; manda "amar os amigos e odiar os inimigos"; o Salmo 137 chama bem-aventurado àquele que quebrar contra os rochedos os filhinhos dos babilônios que perseguiram e deportaram os judeus; nada disso é aprovado pelo Evangelho do Cristo. Ora, se o próprio Cristo não aceitou a Bíblia "de capa a capa", tal qual, mas apenas certas verdades eternas por ela apregoadas; como poderia um discípulo do Cristo aceitar o que o Cristo não aceitou? A Bíblia não é uma espécie de carta ou mensagem estereotípica que Deus tenha ditado para a humanidade de todos os tempos, mas é o reflexo fragmentário de experiências que certos homens tiveram de Deus e do mundo invisível. Ora, como "o conhecido está no cognoscente segundo a medida do cognoscente", é claro que a ideia de que os diversos autores da Bíblia tinham de Deus varia grandemente, consoante o conhecimento e a experiência de cada um. Querer nivelar todos os valores ético-espirituais da Bíblia, do Gênesis ao Apocalipse, é eminentemente absurdo. A lei do talião, por exemplo, era a ética mais alta que, no tempo de Moisés, era concebível, mas o Evangelho de Jesus vai muito além quando manda "amar os inimigos e fazer bem aos que nos fazem mal".

É absurdo querer adotar a Bíblia total como regra de fé e de vida, depois da promulgação do Evangelho de Cristo; seria uma decadência e um regresso das alturas para as baixadas. Mesmo os restantes livros do Novo Testamento não têm o mesmo valor ético-espiritual que encontramos no Evangelho. Todo o resto da Bíblia, tanto do Antigo como do Novo Testamento, tem de ser interpretado à luz das palavras de Jesus, como ele mesmo disse: "Eu não vim para abolir a lei e os profetas, mas para levá-los à perfeição". Não se leva à perfeição o que é perfeito; logo, Jesus reconhece que as doutrinas do Antigo Testamento são imperfeitas, porque imperfeitos eram os seus receptáculos humanos, que imperfeitamente receberam e interpretaram a perfeita revelação de Deus.

EUCARISTIA

— Você crê na presença real do Cristo sob as espécies de pão e vinho?

— Creio na presença real do Cristo em toda a parte, porque creio na onipresença do espírito de Deus. "Onde dois ou três, estiverem reunidos em meu nome, lá estou eu no meio deles". "Ide pelo mundo inteiro, proclamai o Evangelho do reino de Deus a todos os povos — e eis que eu estou convosco todos os dias até a consumação dos séculos!" Em face dessas palavras, ninguém pode negar a onipresença do espírito de Deus, que, depois de encarnado em Jesus, se chama o Cristo. Por que, pois, restringir-lhe a presença a um pouco de matéria sólida ou líquida? Será que a presença do Cristo depende dessa matéria?

— Mas, ele disse: "isto é o meu corpo, isto é o meu sangue!"...

— Disse, sim, mas disse também que essas palavras não deviam ser tomadas em sentido material: "As palavras que vos digo são espírito e são vida. A carne de nada vale — o espírito é que dá vida". Por que, pois, recairíamos no velho erro dos judeus, quando Jesus declarou explicitamente que não queria ser entendido em sentido material; que não se tratava da presença material dele, mas sim da sua presença espiritual?

De resto, de que adiantaria ingerirmos materialmente o corpo e o sangue de Jesus, quando a redenção vem do Cristo divino, e não do Jesus humano? Não é o Jesus material (carne e sangue) que nos santifica, mas sim o Cristo divino (espírito). Se na hóstia e no vinho consagrados estivessem materialmente presentes o corpo e o sangue de Jesus, seria possível verificar essa presença pela análise científica desses elementos; mas o fato é que o resultado dessa análise dá invariavelmente a presença de farinha de trigo e de suco de uva fermentado, e nunca a presença de carne e de sangue humanos. Quando alguém toma vinho consagrado em quantidade suficiente fica embriagado, prova de que bebeu e assimilou vinho, e não sangue. Quando alguém ingere suficiente quantidade de hóstias consagradas, pode viver desse alimento, como se comesse pão — prova de que continua a existir a verdadeira substância do pão, e não apenas os seus acidentes (forma, cor, cheiro, sabor), porque ninguém pode viver só de forma, cor, cheiro, sabor de pão, sem a presença da substância do pão. A teologia, porém, nega que a substância do pão esteja presente na hóstia consagrada, o que é flagrantemente contra a realidade objetiva. Se a doutrina sobre a Eucaristia e seus derivados (Missa) não fosse a principal base do prestígio social e da prosperidade material do clero, defenderia ele tão fanaticamente esse dogma (Congressos Eucarísticos!), tentando consolidar de todos os modos, na alma dos fiéis, a fé na presença material de Jesus na hóstia, cuja consagração é privilégio exclusivo do padre?

No dia e na hora em que o clero seguisse o preceito do Mestre: "Dai de graça o que de graça recebestes!", decresceria grandemente o fervor do culto eucarístico e dos sacramentos em geral, que são monopólio sacerdotal, e prevaleceria entre os homens a fé na presença universal do Cristo, que não é monopólio exclusivo de nenhuma classe.

Confissão

— Você crê que o padre possa perdoar pecados?
— Perdoar só pode aquele que foi ofendido pelo pecado.
— Mas Jesus nomeou o sacerdote seu representante, dando-lhe o poder de perdoar ou de reter pecados em nome de Deus...
— O poder de "ligar" e "desligar", de "perdoar" e de "reter" pecados, não foi conferido a uma determinada classe de funcionários eclesiásticos. Jesus declarou indistintamente a todos os seus discípulos que o homem que tiver em si o Espírito Santo e afirmar que os pecados são perdoados a alguém afirma isso não em seu nome pessoal, mas em nome do espírito de Deus que nele está; não age como indivíduo humano, age como porta-voz de Deus. "Não sois vós que falais — é o espírito de meu Pai que fala em vós". Se Deus governa o homem, e esse homem declara que os meus pecados me são perdoados, ou retidos, é Deus nele que o declara. Mas, para que essa declaração seja válida, é absolutamente necessário que esse homem tenha, de fato, recebido o Espírito Santo. Por isso, faz Jesus preceder as palavras sobre o perdão dos pecados pelas palavras solenes "Recebei o Espírito Santo..."

Essa presença do Espírito Santo no homem não é nem nunca foi privilégio peculiar de uma determinada classe, nem a presença do espírito divino depende desta ou daquela cerimônia ritual. Não é suficiente a ordenação ritual, é indispensável a iniciação espiritual. Toda e qualquer pessoa, homem ou mulher, que tenha em si o espírito de Deus, conscientemente, é um "sacerdote" de Deus, isto é, um "homem sacro", e o que ele declara em nome de Deus é declaração do próprio Deus.

No princípio do Cristianismo, todo genuíno discípulo de Cristo se considerava sacerdote. Só mais tarde, com a criação do monopólio da hierarquia eclesiástica, empalideceu essa consciência do sacerdócio universal de todos os cristãos. Ainda no século XIII, na pessoa de São Francisco de Assis, temos um caso típico do sacerdócio universal. Francisco de Assis viveu e morreu como simples leigo perante os homens, mas perante Deus foi ele um grande sacerdote. Quando o cardeal Ugolino o convidou para entrar no Seminário, para estudar teologia e receber ordens, Francisco respondeu: "Eu já sou sacerdote" e nunca aceitou a sugestão de receber ordenação ritual, porque a sua alma profundamente cristã por natureza dizia-lhe que o sacerdócio cristão não dependia dessa cerimônia externa, mas era fruto de uma experiência interna, como no caso de São Paulo, que também se recusou a receber ordenação humana, depois de ter recebido missão direta do próprio Cristo.

Toda e qualquer pessoa como São Paulo, Francisco de Assis, Mahatma Gandhi e muitos outros leigos, recebeu missão divina e foi guia espiritual da humanidade, embaixador plenipotenciário dos céus aqui na terra.

Para que, pois, restringir esse poder a uma determinada classe, quando Jesus não fez restrição alguma?

Primado de Pedro

—É verdade que Jesus conferiu ao apóstolo Pedro o poder de chefe hierárquico da sua Igreja?
— É o que afirma a teologia romana. Entretanto, convém não esquecer que essa teologia, desde o tempo de Constantino Magno, início do século IV, está inteiramente a serviço duma organização eclesiástica, e não, precipuamente, a serviço da verdade espiritual. O interesse máximo do clero romano é manter o prestígio da sua classe, e por isso todos os textos básicos do Evangelho — primazia hierárquica, confissão, eucaristia — são invariavelmente explicados de modo que redundem na consolidação da hierarquia. Jesus, porém, nunca teve o menor interesse em organização eclesiástica; limitou-se a proclamar o reino de Deus, que, como ele dizia, "não vem com observâncias (externas), nem se pode dizer dele: ei-lo aqui! ei-lo acolá!, porque o reino de Deus está dentro de vós". Qualquer organização eclesiástica tem de ver com "observâncias" e pode ser apontada a dedo como sendo esta ou aquela — "ei-la aqui! ei-la acolá!". Mas o divino Mestre nega peremptoriamente que tenha vindo fundar uma sociedade visível, jurídica, hierárquica; o que ele, por vezes, chama "igreja", e sempre "reino de Deus", é uma experiência puramente interna, que, naturalmente, se revela, também visivelmente, na vida humana; é a mística que se manifesta em ética.

É um erro fundamental, uma falsa premissa, atribuir a Jesus a intenção de fundar uma igreja, no sentido atual do termo. A própria palavra grega *ekklesia*, em latim *ecclesia*, significa "elite", "grupo seleto" (de *ek-kaléo*, evocar, selecionar). Raríssimas vezes ocorre essa palavra no Evangelho; o termo comum, em todas as parábolas, é "reino de Deus", "reino dos céus". Entender, com isso, uma sociedade eclesiástica, juridicamente constituída, com um chefe humano e muitos auxiliares por ele nomeados ditatorialmente, é adulterar fundamentalmente a ideia de Jesus, projetando para dentro dele os nossos desejos de organização.

Um gênio cósmico como o Nazareno não pensa em organização burocrática; tem plena confiança na imortalidade da verdade; não faz depender o triunfo da verdade das escoras e muletas desta ou daquela organização; isso pode ser, quando muito, dos talentos humanos, mas nunca do gênio divino. Atribuir a Jesus a fundação de uma igreja no sentido de hoje é degradá-lo a um hábil codificador de estatutos e preceitos jurídicos. Um espírito como o de Jesus confia unicamente no poder do espírito: "Eu vos enviarei o espírito da verdade, e ele vos lembrará tudo que vos tenho dito e vos introduzirá em toda a verdade — e eis que eu mesmo estou convosco todos os dias até a consumação dos séculos!". Aí está a constituição da igreja, que tem por garantia a presença perene do próprio Cristo e por fundamento a verdade mantida pelo Espírito Santo.

Infelizmente, onde principia o interesse duma determinada classe, desejosa de dominar, aí começa a adulteração da verdade do Evangelho.

* * *

O próprio Pedro, que teria sido nomeado primeiro chefe dessa suposta igreja, nunca chegou a saber desse fato. Temos dele duas cartas no Novo Testamento; em nenhuma delas faz ele a mais ligeira alusão ao fato de ele ser chefe da Igreja; não dá ordens a ninguém; não exige obediência da parte dos súditos; não se arvora em autoridade infalível; em Antioquia, reconhece que errou num ponto fundamental ("aberrou da verdade do Evangelho", diz Paulo), aceitando repreensão pública da parte de um dos seus supostos súditos; no primeiro Concílio Apostólico, de Jerusalém, é Tiago, o bispo local, que preside o conclave e dá a decisão final das resoluções. É evidente que Pedro ignorava completamente o que os nossos teólogos julgam saber sobre a primazia dele.

Da mesma forma, Paulo, a maior figura espiritual do Cristianismo Primitivo, nada sabe dessa suposta primazia de Pedro. Repreende-o severamente, em Antioquia, por ter "aberrado da verdade do Evangelho"; não julga necessário receber ordens dele para evangelizar o mundo pagão, porque teve ordem direta do Cristo. Quando, em 58, Paulo escreve a sua famosa epístola aos cristãos de Roma e manda saudações a dezenas de discípulos de Cristo na capital do Império, nenhuma menção é feita a Pedro, que, segundo afirmam os nossos teólogos, teria sido o primeiro papa. Por que Paulo não o menciona nem lhe manda saudações em sua carta? Simplesmente porque Pedro não era conhecido dos cristãos de Roma; a Igreja Romana fora fundada por um daqueles discípulos de Jesus que, segundo os Atos dos Apóstolos, estavam presentes ao primeiro Pentecostes. Ninguém conhecia Pedro, nem sabia da sua suposta primazia; do contrário, não teria Paulo mandado aos cristãos romanos o seu grande tratado cristológico, chamado Epístola aos Romanos; bastava dizer aos cristãos em Roma: "Perguntai ao vosso chefe espiritual, Pedro, que foi nomeado por Jesus guia supremo e infalível da sua igreja!".

Nada disso fez Paulo, porque Pedro não era conhecido em Roma, e ninguém sabia de primazia nem infalibilidade. Essas supostas prerrogativas, repetimos, não vêm de Jesus, mas dos teólogos, porque elas estão a serviço da hierarquia, e não da espiritualidade.

Entre 60 e 62 esteve Paulo preso em Roma, podendo receber visitas, e, de fato, como ele menciona em diversas cartas, recebeu visitas de numerosos cristãos, tanto da capital como de diversas províncias do Império Romano — nunca recebeu visita de Pedro! Por que não? Simplesmente porque Pedro não estava em Roma.

No ano 64 rompeu a primeira perseguição violenta aos cristãos. Foram trucidados quase todos os discípulos de Cristo que se encontravam em Roma — Pedro não morreu, porque não estava em Roma. Se fora conhecido como chefe local dos cristãos, não teria morrido em primeiro lugar?

No verão de 67, Pedro e Paulo, vindos do Oriente próximo, visitam os cristãos perseguidos em Roma — e ambos são presos e condenados à morte.

Dos supostos 25 anos que Pedro teria sido bispo de Roma, como a teologia inventou, sobra, quando muito, um total de três a quatro meses de permanência dele na metrópole do Império. Com Paulo, deve ter chegado em princípios do verão de 67, sendo martirizado pelo fim do mesmo verão — é essa a única possibilidade historicamente provável. Todo o resto é invenção. Pedro não fundou a Igreja de Roma. Não foi primeiro bispo dessa Igreja. Não foi nomeado chefe da Igreja.

A doutrina teológica sobre a primazia de Pedro nasceu nos primórdios do século IV, no tempo de Constantino Magno, quando se iniciou a formação da hierarquia eclesiástica. Ainda no século V, como atesta Santo Agostinho, era ainda predominante entre os teólogos a opinião de que as palavras de Jesus: "Tu és Pedro, e sobre esta pedra edificarei a minha igreja" não se referiam à pessoa do ex--pescador galileu, mas sim à revelação que Deus acabara de fazer a Pedro, quando este disse: "Tu és o Cristo, o Filho de Deus vivo". A pedra, ou rocha, da igreja, como atesta Santo Agostinho, porta-

-voz da opinião geral da época, era a revelação da divindade de Cristo, e não a pessoa de Pedro, que Jesus chama "carne e sangue" e, pouco depois, "Satanás". Como pessoa humana pode Pedro ter sucessores históricos, mas o privilégio da "pedra" não é transmitido por Pedro, mas é uma graça de Deus, que pode ser dada a qualquer pessoa que faça a mesma profissão de fé na divindade de Cristo.

Quando o poder civil do Império Romano, após a derrota do imperador de Bizâncio, Maxêncio, em 313, começou a concentrar-se em Roma, como sede única do Império, foi Roma escolhida também como sede da igreja cristã. Mas só alguns séculos depois foi o poder eclesiástico centralizado em Roma razão por que a Igreja Católica grega, chamada Ortodoxa, protestou contra essa inovação e acabou por se separar definitivamente do Ocidente, no século XI.

Nada disso teria sido possível se a cristandade, desde o início, estivesse convencida daquilo que os teólogos romanos de hoje procuram fazer crer a seus fiéis. Naquele tempo, cada bispo local era chefe espiritual independente em sua diocese. Em caso de conflito de opiniões, convocava-se um Concílio Ecumênico, que decidia, por maioria de votos, o que devia ser reconhecido como verdadeira doutrina de Jesus Cristo.

Só em 1870 conseguiu o bispo de Roma impor--se, definitivamente, como supremo chefe infalível da Igreja, arrogando à sua pessoa a infalibilidade que, até essa data, residia na autoridade conjunta do Concílio Ecumênico.

E com isso foi a "Democracia Cristã" suplantada pela "Ditadura Pontifícia".

Prevaleceram os interesses da organização eclesiástica sobre a causa da verdade evangélica.

Oração

—Não parece o conceito da oração basear-se na suposição de que as leis da natureza sejam mutáveis; e que o próprio Deus possa mudar a sua vontade, se os homens lho pedirem?

—A oração não pretende mudar as leis da natureza nem os decretos de Deus. Pela oração, procura o homem mudar o seu próprio sujeito, e não os objetos. Depois de estabelecida perfeita harmonia entre o querer do homem e o querer de Deus, foi obtido o fim principal da oração. A vontade de Deus é absolutamente imutável. Quanto às leis da natureza, é certo que as leis inferiores (material, astral) são regidas pelas leis superiores (espiritual).

No caso de, por exemplo, alguém orar pela cura dum doente, será que ele espera poder modificar as leis da natureza? Não! Mas o que ele pode conseguir é aplicar à natureza material-astral (a zona da doença) as leis da natureza espiritual; se o conseguir, é certo que a desarmonia material-astral (doença) cederá ao impacto da harmonia espiritual (cura).

Há inúmeros casos em que a "oração da fé" realizou curas repentinas de moléstias declaradas incuráveis, ou realizou outros fenômenos tidos por impossíveis. "Tudo é possível àquele que tem fé". "Tudo quanto, na oração, pedirdes em meu nome, crede que o recebereis".

A natureza não é apenas material mas também mental e espiritual. Se alguém conseguir canalizar para dentro da zona material as forças mentais ou, melhor ainda, as forças espirituais da natureza, é certo que essas forças superiores dominarão as forças inferiores.

A oração é um processo perfeitamente razoável, de acordo com as leis da natureza. No caso de ocorrer um "milagre", não é isso uma exceção, mas sim uma confirmação das leis da natureza, suposto que essa palavra não seja tomada no sentido estrito e unilateral de matéria, mas na sua acepção vasta e verdadeira, material-astral-mental-espiritual.

Mulher de Caim

—Diz a Bíblia que Adão e Eva tinham dois filhos, Caim e Abel. Caim matou Abel. Com quem casou o fratricida se não havia mulher no mundo, além de Eva?

— É engano, meu amigo! Engano mil vezes cometido por aqueles que leram um pouco, mas não leram o bastante. Antes de referir a morte de Adão e Eva, diz o Gênesis que eles "procriaram muitos filhos e muitas filhas". Tendo o texto sacro dito que, o primeiro casal viveu mais de seis séculos, podia ele ter umas centenas de filhos, netos, bisnetos, etc. Um historiador calculou que a morte de Abel ocorreu pelo ano 150 após a criação dos primeiros homens, e que, por esse tempo, podiam viver sobre a face da Terra pelo menos 3 mil seres humanos, descendentes de Adão e Eva. Caim não tinha, pois, dificuldade alguma na escolha da sua esposa, ou melhor, das suas esposas.

Com isso se desvanece também a tão cediça objeção de que Caim não podia fundar aquela "cidade" de que fala a Bíblia, por não haver habitantes para povoá-la essa cidade. Se metade da humanidade então existente era solidária com o homicida, podia Caim fundar a primeira "cidade" — isto é, povoado — com 1.500 pessoas.

Outra objeção, de que Caim tinha de casar com uma irmã sua, não envolve dificuldade real, uma vez que a proibição de casar com parentes próximos não é lei natural, mas tão-somente lei civil e eclesiástica. De per si, não há imoralidade intrínseca no casamento entre irmãos. A proibição civil e eclesiástica do casamento entre parentes próximos tem a ver antes com a biologia do que com a moral.

Corpo de Jesus

Inúmeras vezes tenho sido interrogado sobre esse assunto.

A resposta é fácil, sobretudo para um cidadão da era atômica. O corpo de Jesus era tanto material como fluídico, ou outro nome que queiramos dar a um corpo imponderável. A matéria pode assumir estados vários, desde a massa mais condensada, e sólida, até seu estado inteiramente invisível, de pura energia ou luz cósmica, que representa o máximo de descondensação, ou expansão. Entre esses dois polos extremos — matéria sólida e luz cósmica — pode haver inúmeros estados intermediários, de maior ou menor passividade (condensação) e atividade (expansão).

Jesus tinha o poder de dar a seu corpo o estado que queria. Sabemos que ele se tornava subitamente invisível diante de seus inimigos. Isentava o seu corpo das leis da gravidade, andando sobre as águas do lago ou suspendendo-o livremente no ar. Ultrapassava as leis da dimensão, saindo do túmulo fechado e entrando no cenáculo sem abrir porta nem janela.

Irmãos de Jesus

—Jesus teve irmãos?

— O Evangelho menciona repetidas vezes "irmãos e irmãs" de Jesus. A Igreja Romana entende que esses chamados "irmãos" de Jesus eram parentes próximos dele, talvez primos. O protestantismo, em geral, admite que fossem verdadeiros irmãos carnais do Nazareno, filhos de José e Maria, nascidos depois de Jesus, ao passo que este teria sido concebido pela "Virtude do Altíssimo", sem a cooperação de José.

Somos de parecer de que esses "irmãos" de Jesus eram filhos de José, de um matrimônio anterior, e, portanto, mais velhos que Jesus. Não cremos que fossem filhos de Maria, e isso não por motivos de ordem ética, como a Igreja Romana, mas por outras razões. A teologia romana considera as relações sexuais incompatíveis com elevada espiritualidade e vê desdouro no fato de ter Maria tido relações dessa natureza com José. Essa concepção, porém, é um "anacronismo", quer dizer que se baseia em razões que não existiam no tempo em que foi escrito o Evangelho. A mulher israelita ignorava totalmente semelhante "incompatibilidade" entre sexo e espiritualidade. A maior honra para a mulher hebreia era ser mãe; ser estéril era considerado a maldição de Deus, tanto assim que Isabel, ao saber que teria um filho, exclama cheia de júbilo e gratidão: "O Senhor tirou de mim a minha ignomínia".

Maria nunca fez "voto de castidade" por causa da suposta incompatibilidade das relações sexuais com sua alta espiritualidade. Se ela diz ao anjo que "não conhece varão", dá a entender que teve a revelação de que o Messias nasceria só dela a fim de preservar a sua completa liberdade de entrar no mundo quando, onde e como ele mesmo quisesse, liberdade esta que pereceria se essa entrada (conceição) dependesse do encontro de duas células, masculina e feminina, no útero materno; porque, nesse caso, as leis da biologia, inexoráveis, obrigariam o Verbo a se encarnar, compulsão essa incompatível com a missão divina dum avatar. Disso sabia Maria, e é nesse sentido que ela diz não conhecer varão, apesar de ser noiva do carpinteiro José; não o conhece como cooperador da encarnação. Não é, pois, por causa da sua virgindade, mas por causa da liberdade do Messias que ela assim procede; o motivo da sua virgindade não era ético, mas metafísico.

Entretanto, é bem provável que não tenha tido outros filhos, e isso por motivos de caráter psicológico. Seria difícil admitir que uma jovem de tão alto idealismo como Maria, depois de ter sido agraciada com um privilégio único e excepcional, tivesse ainda desejo de ter meia dúzia de outros filhos, meramente humanos. (O Evangelho menciona nominalmente quatro "irmãos" e indefinidamente "irmãs" de Jesus.) Não lhe seria suficiente ser mãe do seu incomparável Jesus?

Verdade é que aqui começam a atuar as "razões do coração de que a razão nada sabe", e quem não tiver intuição para essas razões do coração dificilmente aceitará o valor do argumento exposto.

De resto, tudo insinua que esses tais "irmãos" de Jesus fossem mais velhos do que ele. Diz o texto que "seus irmãos não criam nele", o que é humanamente explicável, quando se sabe que esses "irmãos" eram de outro matrimônio de José, e por isso não viam com bons olhos o aparecimento daquele "intruso", que, além do mais, começa a arvorar-se em profeta e enviado de Deus, quando eles continuam na obscuridade do anonimato. Despeitados, se recusaram a crer em Jesus.

Se Maria tivesse outros filhos, por que teria Jesus, no Calvário, entregue sua mãe a um estranho, o discípulo João? Não era obrigação dos filhos cuidar da mãe? Mas esses tais "irmãos de Jesus" não eram filhos de Maria e por isso não acompanharam Jesus nem Maria, e nenhum deles aparece como discípulo do Nazareno. Sendo, porém, filhos de José, de um matrimônio anterior, explica-se perfeitamente esse separatismo e essa hostilidade: Jesus, o filho único de Maria, é aplaudido como profeta, ao passo que eles, os filhos de José, desapareceram no anonimato e na obscuridade.

Sentimentos de ciúme e despeito afastaram de Jesus e Maria esses filhos do carpinteiro José.

Todos os antigos ícones representam José como homem de certa idade, talvez cinquenta anos, de cabelo grisalho, ao passo que Maria aparece sempre como uma jovem de uns dezoito anos. Não faz isso crer que a tradição considerava José umas duas vezes mais velho que Maria?[3]

* * *

A doutrina teológica de que Maria também teria permanecido virgem durante o parto é uma das coisas mais ridículas que tive de estudar no meu curso de teologia eclesiástica. Explicava o professor, com incríveis acrobacias mentais e artifícios hermenêuticos, que Jesus tinha saído das entranhas maternas sem romper a membrana (hímen) que fecha parcialmente a vagina da mulher virgem; isso, dizia o professor, com o fim de não violar a virgindade de Maria, que, segundo a dita teologia, foi virgem antes, durante e depois do parto.

Como já disse, aceito o fato da virgindade perpétua de Maria, pela razão acima exposta; mas nego absolutamente que a virgindade seja prejudicada pelo fato de um parto normal, isto é, pelo simples rompimento de uma membrana corpórea. Há jovens que, em virtude de ginástica intensa ou um acidente, sofrem ruptura dessa membrana — será

---

[3] Numa aula de Filosofia do Evangelho expus esse assunto. Uma senhora educada em colégio de freiras exclamou: "Mas eu aprendi que também José fez voto de castidade!". De fato, o clero faz crer ao povo ingênuo essa doutrina como expressão da verdade. É perfeitamente lógico que um padre celibatário faça o possível para aureolar ao maior prestígio possível o seu estado, invocando o exemplo de Maria e José. Na realidade, nenhum dos dois fez esse voto.

que por isso perdem a sua virgindade? Ridículo! A virgindade e sua perda têm a ver unicamente com as relações sexuais e seu fator libidinoso, e não com um simples fato físico. Jesus nasce de um modo inteiramente natural, porque o seu corpo era material como o nosso, obedecendo às leis da gravidade e das dimensões, embora ele tivesse o poder de o isentar dessas leis.

Semelhantes artificialismos escolásticos desacreditam a Igreja e dela afastam os homens sensatos e bem equilibrados.

Sacerdócio

—É verdade que o sacerdote possui poderes espirituais superiores aos dos leigos?

— Possui, sim. Resta apenas saber o que quer dizer ser "sacerdote". É erro supor que os poderes sacerdotais possam ser transmitidos por meio de simples cerimônias rituais, de pessoa a pessoa. Sacerdote é todo aquele que, por uma experiência individual, teve o seu contato com o mundo divino e desse contato recebeu forças invisíveis superiores às forças dos profanos, que não tiveram esse contato. Nesse sentido, era sacerdote o rei pagão de Salém que se encontrou com Abraão após a libertação de Ló, como refere a Bíblia; esse rei gentio era "sacerdote do Altíssimo e não tinha geração humana", frisa o texto sacro; quer dizer que o seu sacerdócio não estava radicado em elementos humanos; ele era Malech-sadok (arauto sagrado), palavra transformada mais tarde em Melchisedec ou Melquizedeque. A epístola aos hebreus afirma que o Cristo é "sacerdote segundo a ordem de Melquizedeque".

E assim são todos os verdadeiros sacerdotes, homens sacros por ordem de Deus. Assim foram Paulo de Tarso, Francisco de Assis, Mahatma Gandhi e a própria Maria Madalena, que recebeu do Cristo redivivo a ordem de anunciar o Evangelho da ressurreição aos outros discípulos.

O apóstolo Pedro escreve numa das suas epístolas (1 Pd. 2, 9): "Vós sois o sacerdócio régio", incluindo todos os seus leitores nesse conceito de sacerdócio, quando, segundo o conceito teológico, todos eles eram leigos.

Decênios atrás, o autor deste livro, que pertencia ao sacerdócio ritual sofreu atroz perseguição de seus colegas pelo fato de afirmar esse sacerdócio universal e insistir mais na redenção pelo Cristo do que na redenção pelo clero, fazendo ver que "ninguém vai ao Pai a não ser pelo Cristo". Era a luta entre o poder do clero e a verdade do Cristo; para defender esta tive de me afastar daquele, preferindo o sacerdócio do Cristo ao clero dos homens.

* * *

Entretanto, desde o quarto século, começou a identificação de sacerdote com pessoa do clero. Sob a égide do pseudocristão Constantino Magno, e para fins político-financeiros, o sacerdócio foi restrito ao clero romano. Aliás, os germes dessa infeliz tendência remontam ao século I, mas a sua eclosão se deu no século IV. O próprio apóstolo Paulo foi acusado por certos cristãos sectários da Palestina de não ser verdadeiro apóstolo (ou sacerdote) pelo fato de não ter visto Jesus em carne mortal nem ter dele recebido poderes divinos; Paulo, porém, como lemos na epístola aos gálatas, mostra que, para ser verdadeiro apóstolo ou sacerdote, não é necessário ter convivido com o Jesus "carnal", mas sim ter recebido mandato do Cristo "espiritual"; muito menos é necessário ter recebido ordenação ritual de algum outro discípulo de Jesus; basta ter recebido iniciação espiritual do próprio Cristo.

Paulo defende, pois, o princípio divino da iniciação vertical direta contra a ideia da ordenação horizontal indireta e com isso reintegrou na verdade o sacerdócio do Cristo.

Ainda no século XIII, como já dissemos, reafirma Francisco de Assis o mesmo princípio do sacerdócio universal, segundo a ordem de Melquizedeque e do Cristo, exercendo os poderes espirituais do sacerdócio sem ter recebido nenhuma ordenação ritual, segundo os preceitos da teologia romana; pregava o Evangelho aos pobres, consagrava o pão e o vinho e, quando foi convidado pelo cardeal Ugolino para ingressar num seminário, estudar teologia e ordenar-se sacerdote, não aceitou o convite, replicando: "Eu já sou sacerdote, Deus mesmo me iniciou no sacerdócio do Cristo". Assim continuou esse sacerdote leigo até ao fim da vida.

Sacerdote é todo homem sacro (*homo sacer*), aquele que teve o seu contato íntimo com a Divindade e dela recebeu poderes espirituais.

O clero é uma classe que visa amparar o poder e o prestígio da hierarquia eclesiástica — sacerdote é um indivíduo humano que só se interessa pela verdade do Evangelho do Cristo.

O clero é de instituição humana; o sacerdócio é de iniciação divina.

Em pleno século XX, foram verdadeiros sacerdotes de Deus e da humanidade: Mahatma Gandhi, Albert Schweitzer e muitos outros homens de iniciação espiritual.

Reencarnação

— Você aceita a reencarnação?
— Aceito qualquer fato histórico provado como tal. Se alguém me provar que fulano é a reencarnação de sicrano, que reapareceu em carne e osso depois de desencarnar (morrer), não tenho a menor dificuldade em aceitar esse fato.

Entretanto, em hipótese alguma, podemos equiparar a reencarnação física ao renascimento espiritual, de que falam Jesus e outros guias espirituais; nem devemos estabelecer nexo causal necessário entre este e aquela, fazendo o renascimento pelo espírito depender do renascimento pela carne. "O que nasce da carne é carne, mas o que nasce do espírito é espírito; é necessário renascerdes pelo espírito". "A carne de nada vale; o espírito é que dá vida".

É evidente que não existe nem pode existir nexo causal necessário entre o renascimento pelo espírito e a reencarnação pela matéria. Aliás, todos os renascimentos espirituais de que falam o Evangelho e os outros livros sacros do Novo Testamento — Paulo de Tarso, Nicodemos, Madalena, Zaqueu, o ladrão na cruz — casos ocorreram na presente existência terrestre, sem uma nova encarnação material, o que prova que o renascimento pelo espírito não depende da matéria fornecida pelos nossos progenitores, mas sim do espírito de Deus que habita em cada um de nós.

* * *

Quanto ao decantado caso de Elias e João Batista, não há clareza, porquanto, embora, segundo as palavras de Jesus, este parece ser aquele, o próprio João nega peremptoriamente que ele seja o dito profeta da lei antiga, dizendo: "Eu não sou Elias". Além disso, depois da morte violenta de João Batista, durante a transfiguração de Jesus, reaparece Elias como Elias, e não como João.

A conhecida alegação de que João foi degolado a fim de pagar o débito, ou karma, pelo fato de ter, na pessoa de Elias, mandado degolar os sacerdotes de Baal não procede, uma vez que o Evangelho diz que João foi purificado já no seio de sua mãe, e Jesus afirma que entre os filhos de mulher não há maior que João; por que, pois, devia ele pagar um débito que, segundo esses testemunhos, não existia mais?

No colóquio com Nicodemos, faz Jesus nítida distinção entre renascimento espiritual e renascimento material, declarando ser necessário aquele, e não este.

No episódio do cego de nascença, declara Jesus, com a máxima clareza, que aquela cegueira não lhe veio em consequência de um pecado que o cego tivesse cometido — naturalmente numa existência anterior, já que nascera cego. "Nem ele pecou nem seus pais pecaram para ele nascer cego".

O ladrão na cruz, segundo a explícita declaração do Mestre, redimiu num instante uma vida de pecados: "Ainda hoje estarás comigo no paraíso". Estupefatos, perguntam os reencarnistas como poderia esse homem neutralizar num instante os débitos morais contraídos talvez em meio século de pecados e crimes? Não devia ele regressar à terra para restituir os bens roubados e reparar todos os outros prejuízos causados? Aliás, é um equívoco tradicional que o tal "paraíso" seja a vida eterna; o que Jesus chama "paraíso" é o primeiro passo no caminho reto da verdade, depois de meio século de ziguezague nos caminhos do erro.

O que Jesus entende por "paraíso" não é a vida eterna, mas a entrada no caminho reto da verdade, depois de tanto ziguezaguear pelo erro. O ladrão estava prestes a converter-se à verdade, que Jesus chama o "paraíso". Depois de cancelar os seus delitos, ele fará créditos futuros, vivendo à luz da verdade libertadora.

* * *

De resto, toda essa questão de reencarnação peca por um erro de lógica e matemática; supõe que a repetição do fato histórico de diversas existências terrestres possa criar valores espirituais, quando esses não são o resultado de fatos quantitativos, mas sim resultante de processos qualitativos. "Do mundo dos fatos — escreve Einstein — não conduz nenhum caminho para o mundo dos valores; estes vêm de outras regiões".

Pode alguém encarnar 10, 20, 40 vezes e continuar a marcar passo no plano horizontal dos simples fatos, sem nenhuma verticalização espiritual, porque esta nada tem a ver com a presença da matéria corpórea.

Mas não daria a reencarnação, pelo menos, oportunidade para o homem criar valores espirituais?

Oportunidade? Será que essa oportunidade depende do corpo material, que é um composto de cálcio, ferro, fosfato, nitrogênio, hidrogênio, oxigênio, etc.? Oportunidade de criar valores espirituais, tem-na o homem em todos os tempos e espaços, em virtude do seu livre-arbítrio, que não é atributo da matéria, mas sim do espírito.

Verdadeira religião

No catecismo tive de aprender que há uma só religião verdadeira, e que esta é, naturalmente, a do autor do catecismo, como não podia deixar de ser.

Se o meu catecismo de antanho tivesse sido escrito por um adepto de outra religião, é claro que esta seria a religião verdadeira e única, e Deus seria invocado como o chefe supremo desse partido religioso.

Se percorrêssemos todos os credos do orbe terrestre — centenas de milhares —, descobriríamos que há tantas religiões verdadeiras e únicas quantas as igrejas, seitas ou grupos religiosos do mundo. Requer-se muita ingenuidade e miopia espiritual para admitir que o Deus do Universo tenha resolvido apor precisamente à minha religião o sinete da sua autenticidade e unicidade, excluindo dessa aprovação as religiões de todos os outros homens do mundo que não afinarem pela minha teologia. As outras religiões são todas "falsas" — por quê? Ora, é evidente, por não serem minha religião.

De todos os tipos de egoísmo — individual, nacional, eclesiástico —, este último é, sem dúvida, o mais funesto, porque é um "egoísmo sagrado", mantido e praticado "por motivos de consciência"; e em nome desse egoísmo eclesiástico têm sido cometidos os mais pavorosos crimes, em todos os tempos e países do mundo.

Desde que uma ideia religiosa seja organizada, ela entra na zona do egocentrismo exclusivista, porque nenhuma organização pode subsistir sem determinados estatutos que definam quais os indivíduos que pertence aos "de dentro" e quais aos "de fora". Os "de dentro" são então considerados ortodoxos, os "de fora" são heterodoxos; aqueles são proclamados amigos de Deus, estes são guerreados como inimigos de Deus — tamanha é a nossa cegueira e tão intolerante é o nosso egoísmo!

No Ocidente cristão, essa cegueira e esse egoísmo são atribuídos ao maior gênio espiritual que o mundo conhece, àquele cuja espiritualidade não conhecia fronteiras nem barreiras de espécie alguma. E, para que os adeptos desta ou daquela religião organizada não percam a sua estreiteza e intolerância sectária, são eles rigorosamente proibidos de ler as palavras diretas do Cristo, como brilham nas páginas do Evangelho, ou, quando têm permissão de ler esse livro sacro, os chefes da respectiva seita não lhes permitem entender e interpretar essas palavras segundo a sua consciência individual.

Diante dessa triste situação, houve quem lançasse aos quatro ventos o *slogan*: "Religião é o ópio para o povo!", entendendo por "religião" essas criações humanas e ignorando a realidade divina da Religião, que faz parte da própria natureza humana. Já no século II escrevia Tertuliano que a "alma humana é crística por sua própria natureza".

Os agrupamentos organizados só podem existir e prosperar enquanto continuarem a professar esse espírito unilateral; se a ele renunciarem, deixarão de existir como igrejas ou seitas, como formas de religião A, B ou C, embora possam continuar a existir como Religião Universal, como Espiritualidade Cósmica, como Experiência Divina, sem nome, nem forma, nem barreira, nem bandeira. Essa existência universal, porém, não lisonjea o egoísmo humano, que tem a necessidade instintiva de propriedade individual e poder dizer "isto aqui é meu", "eu sou desta igreja". O homem espiritualmente imaturo necessita de um "credo geométrico" cujos limites sejam nitidamente visíveis, como as linhas de um círculo, um triângulo ou um quadrado. O homem espiritualmente maduro também tem o seu credo, mas é uma entidade orgânica, com o princípio vital de uma planta, sempre idêntico, sempre fiel a si mesmo, mas não mecanicamente delineado. Para o sectário, o credo é letra morta e mortífera; para o homem espiritual, o credo é espírito vivo e vivificante.

* * *

Qual é, pois, a verdadeira religião?
É aquela que ajuda o homem a encontrar Deus, sobretudo o reino de Deus dentro de si mesmo. Possivelmente, a forma externa da religião passará por diversos estágios, como o próprio homem. Se me perguntassem qual a vida verdadeira, se foi a da minha infância, a da minha adolescência ou a da minha maturidade, eu não hesitaria em responder

que todas essas formas de vida são igualmente verdadeiras para mim, porque, por trás de todas elas, está a minha única vida verdadeira. Mas do fato de eu, em criança, ter brincado com soldadinhos de chumbo ou figurinhas de cera ou de barro, não se segue que deva fazer o mesmo hoje em dia; e do fato de eu, como jovem, ter vivido num mundo de aventuras pitorescas e até perigosas, não se segue que deva continuar a fazer igual durante o resto da minha vida. Considero verdadeiro e bom o que fiz na infância, na adolescência e o que estou fazendo hoje, no tempo da minha maturidade, porque, tratando-se de um ser em perene evolução, a vida verdadeira não é um determinado estado.

Nenhuma e todas as religiões são caminhos que procuram levar o homem à religiosidade.

A religiosidade é verdadeira, porque conduz o homem à verdade libertadora, que é a felicidade.

A religiosidade é a experiência mística da paternidade única de Deus, que transborda na vivência da fraternidade universal do homem.

Essa experiência é possível em qualquer religião, mas transcende todas elas. Não basta ter religião, é necessário ser religioso.

E isso é possível em qualquer religião, e também sem religião alguma, porque, como disse o mestre: "O reino de Deus não vem com observações, nem se pode dizer: está aqui, ou está acolá! — Mas o reino de Deus está dentro de vós."

Isso é religiosidade, que é a única religião verdadeira.

Einstein escreveu: "Eu não tenho religião alguma, mas sou um homem profundamente religioso, porque vejo um Poder Supremo em todas as coisas da Natureza".

Essa religiosidade é que é a verdadeira e maior religião.

É uma religião revelada?

Sim, uma religião revelada de dentro do homem, de dentro do reino de Deus, que está no homem, como tesouro oculto, como luz sob o velador, como pérola no fundo do mar.

Jesus fundou uma igreja?

As numerosas igrejas e seitas cristãs do mundo afirmam que foram fundadas por Jesus Cristo. Entretanto, Jesus não fundou igreja alguma, muito menos algumas centenas delas. Todas as igrejas são de fundação humana e, como tais, têm a sua finalidade pedagógica e educativa.

Jesus proclamou o "reino de Deus", que não é uma organização externa, visível, de caráter jurídico, porque "o reino de Deus está dentro de vós". O reino de Deus é uma experiência divina dentro da alma humana, experiência que depois se revela na vida desse homem como verdade, santidade, amor, caridade, pureza, benevolência, alegria espiritual. O reino de Deus é "verdade, justiça e alegria no espírito santo" (São Paulo).

A palavra "igreja" é derivada do termo *ekklesia*, que em latim tornou-se *ecclesia*. *Ekklesia* vem de *ekkaleo* (*ek* = fora, *kaleo* = chamar, literalmente "chamar para fora", ou evocar, selecionar do meio duma grande massa). A igreja representa, pois, uma elite sagrada selecionada do meio duma massa profana, é o *pusillus grex* (pequeno rebanho) de que o divino Mestre fala a seus discípulos; são os "poucos escolhidos" tirados do meio dos "muitos chamados"; são os que passaram pelo "caminho estreito" e pela "porta apertada" que conduzem ao reino de Deus.

A expressão "igreja" ocorre raríssimas vezes nos Evangelhos, ao passo que o termo "reino de Deus" ou "reino dos céus" é frequentíssimo.

O que determina a participação na igreja ou no reino de Deus não é uma cerimônia ritual (batismo) determinada, nem a aceitação desta ou daquela fórmula de credo, mas é o "renascimento pelo espírito", como Jesus diz a Nicodemos: "Quem não renascer pelo espírito não pode entrar no reino de Deus".

* * *

Se Jesus tivesse fundado uma igreja no sentido teológico da palavra, uma organização eclesiástica de caráter jurídico-burocrático, como são as igrejas humanas, não seria ele o Cristo ao qual "foi dado todo o poder no céu e na terra"; não seria o "Filho Unigênito de Deus", porque semelhante iniciativa teria amesquinhado o seu caráter. Nesse caso, seria ele, quando muito, um inteligente sociólogo e hábil codificador de preceitos e proibições, como Tomás de Aquino ou Gregório VII. Atribuir a Jesus o espirito de qualquer Teologia Dogmática, Teologia Moral ou Código de Direito Eclesiástico seria revoltante blasfêmia. Nenhum gênio cósmico de experiência divina se degrada ao ponto de organizar uma sociedade ou escrever um livro para garantir a perpetuação das suas doutrinas, porque tem ilimitada confiança na onipotência e na imortalidade da Verdade em si mesma, sem escoras nem adjutórios externos. "Eu vos enviarei o espírito da verdade, e ele vos introduzirá em toda a verdade e vos lembrará tudo quanto vos tenho dito, porque tomará do que é meu e vô-lo anunciará" — essa, sim, é a linguagem do gênio cósmico que baseia a eternidade da sua doutrina na presença e na atuação infalível do espírito da Verdade, que não depende de nenhuma organização eclesiástica, como pensam certos teólogos, nem da elaboração dum livro, como opinam outros.

Nem a hierarquia eclesiástica nem a existência da Bíblia são o fundamento do Cristianismo; mas é a atuação invisível do "espírito da Verdade" através dos séculos e dos milênios; e essa presença e atividade do espírito de Deus não depende de nenhuma organização nem de um livro. "O espírito sopra onde quer". "Eu estou convosco todos os dias até a consumação dos séculos" — essa indefectível presença do espírito do Cristo é que é a garantia única da perpetuidade e da infalibilidade da Igreja, contra a qual "não prevalecerão as potências do inferno".

* * *

Por que então surgiram e surgem ainda tantas igrejas?

As igrejas, como expedientes humanos, são relativamente necessárias, em razão da imperfeição da nossa humanidade, que necessita ainda de muletas e escoras externas para sua evolução espiritual, prova de que lhe falta ainda suficiente firmeza interna. Se os homens tivessem segurança interna, não necessitariam dessas seguranças externas. Nesse sentido, as igrejas cumprem o seu papel pedagógico, assim como uma mãe cumpre a sua missão guiando pela mão um filhinho incapaz de andar sozinho.

O mal não está na existência de igrejas, que são relativamente necessárias enquanto a humanidade não estiver devidamente cristificada e com perfeita autonomia espiritual; o mal está em que essas igrejas se digam fundadas por Jesus Cristo e no fato de muitas delas não permitirem a seus filhos ultrapassar os limites dos dogmas por elas traçados como sendo revelação de Deus.

Assim como o dia mais glorioso para o educador é aquele em que ele se tornar supérfluo e dispensável, por ter levado seu educando à perfeita autonomia ético-espiritual; assim terá também a igreja cumprido integralmente a sua tarefa no dia e na hora em que se tornar supérflua, por ter conduzido as almas a Deus.

Infelizmente, as igrejas fazem da sua missão pedagógica uma profissão lucrativa para a classe privilegiada de seus ministros, servindo-se de palavras sagradas para cercar de prestígio político-social os seus ministros e promover a sua prosperidade econômico-financeira, mantendo o povo na ignorância das grandes revelações de Deus, porquanto sabem eles que o homem conhecedor do espírito do Cristo passará, um dia, da heteronomia teológica para a autonomia espiritual.

A igreja deve ser educadora do povo, mas não intermediária entre o homem e Deus, fazendo depender da sua atuação ou não atuação o efeito da redenção do Cristo ou da sua frustração. O efeito da redenção do Cristo é causalmente independente da presença ou da ausência de um ministro eclesiástico, embora este possa auxiliar a aplainar os caminhos que levam a essa redenção, suposto, naturalmente, que ele mesmo seja um verdadeiro remido.

"A religião da humanidade do futuro — escreveu o grande iniciado Radha Krishna, antigo vice-presidente da Índia! — será a mística", isto é, o autoconhecimento e a autorrealização.

LIVRE-ARBÍTRIO

— Você acha que o homem é livre em suas decisões, ou apenas se julga livre quando, de fato, é um autômato de forças desconhecidas?

— Nenhum indivíduo humano, nem supra-humano, é inteiramente livre, porque plena liberdade é onipotência. Só a Realidade Universal (Divindade) é inteiramente livre, e, por mais paradoxal que pareça, em Deus a liberdade é a própria necessidade; ele é necessariamente livre. Mas uma creatura só pode ser parcialmente livre. Essa liberdade parcial, porém, é suficiente para tornar o homem responsável pelos seus atos livremente praticados.

Libre-arbítrio é, por assim dizer, uma zona isenta da jurisdição divina, o que de bem ou de mal o homem fizer nessa "zona isenta", ou nesse "campo neutro" da sua liberdade, é ele mesmo que o faz por sua conta e risco, e já não é Deus que o faz. Pelo livre-arbítrio possui o homem um poder creador; é nisso que consiste a sua semelhança com Deus.

Sendo o homem, pelo livre-arbítrio, estritamente causa e autor dos seus atos, o grau da sua responsabilidade moral é diretamente proporcional ao grau da sua liberdade. Quem é 20 graus livre é 20 graus responsável pelo que faz; quem é 80 graus livre é 80 graus responsável. As nossas leis condenam dois criminosos que cometeram o mesmo crime para a mesma pena; entretanto, é bem possível que um seja 80 graus culpado e o outro apenas 20 graus, em virtude da diferença de liberdade interna com que cada um agiu. A nossa "justiça" não pode deixar de ser uma permanente "injustiça", e, se não houvesse, alhures, o reequilibramento da nossa justiça desequilibrada, a ordem do cosmos acabaria na desordem do caos. Mas existe uma grande Justiça Cósmica que compensa todas as deficiências das nossas pequenas pseudojustiças telúricas.

Entretanto, o fato de poder o homem traçar o seu destino subjetivo, individual, pelo exercício da sua liberdade não invalida o fato de haver um Destino Objetivo, Universal, que determina o curso do mundo e contra o qual não pode creatura alguma prevalecer. Dentro do âmbito desse grande Destino Cósmico, que é a ordem divina do cosmos, pode o indivíduo livre exercer o jogo dos contrastes que quiser, creando o seu céu ou o seu inferno. O Destino Universal é imutável; o destino individual é mutável. "Cada um colherá o que houver semeado". O homem é livre em cometer ou não cometer a culpa, mas não é livre em evitar a pena enquanto a culpa existe. O pecador cria o seu inferno; o santo crea o seu céu. Enquanto houver pecadores e santos, haverá inferno e céu — creações do livre-arbítrio das creaturas.

— Quer dizer que o livre-arbítrio é a negação da causalidade?

— Não, senhor. É, sim, a negação duma causalidade passiva, mecânica, mas é a afirmação de uma causalidade ativa, dinâmica: o alodeterminismo dos fatos externos é substituído pela autodeterminação de um fator interno. De objeto que era de uma causalidade escravizante, tornou-se o homem sujeito de uma causalidade libertadora.

O livre-arbítrio não é a continuação de algo já existente, mas é um novo início de algo ainda não existente.

Vegetarianismo

— Você acha que os alimentos vegetais favorecem a iluminação espiritual, e os alimentos animais a prejudicam?

— Via de regra, deve o homem alimentar o seu corpo com aquelas substâncias que condigam inteiramente com as leis que regem a vida e o bem-estar do organismo humano. Ora, está cientificamente provado que o corpo humano, quando não viciado, não exige, para sua perfeita saúde, alimentação de origem animal. Por outro lado, o homem não é, a bem dizer, um herbívoro, como o cavalo e a vaca, mas sim um típico frugívoro, devendo, pois, de preferência, alimentar-se de frutas, podendo acrescentar a essa dieta uma porcentagem de verduras. Por frutas, entendemos tanto a polpa como as próprias sementes ou germes; de muitas frutas — laranja, maçã, pera, pêssego, mamão, abacaxi, etc. —, só comemos a polpa, que a natureza criou para adubar os germes dessas frutas; de outras comemos a própria semente que reproduz a futura planta — como arroz, feijão, milho, ervilhas, etc.

Tanto estes como aqueles constituem a alimentação normal do homem.

Às verduras, podem ser associadas as raízes ou os bulbos — batata, aipim, cenoura, beterraba, rabanete, cebola, etc.

Quem está habituado à alimentação animal e não puder, de imediato, deixá-la pode paulatinamente se abster da carne usando alimentos animais derivados, como ovos e leite, até poder dispensá-los totalmente.

* * *

Há quem evite a ingestão de alimentos animais por motivos éticos, a fim de não destruir vida alheia.

Outros praticam vegetarianismo por motivos biológicos.

Os da primeira classe dificilmente conseguirão manter a sua posição sem entrar em conflito consigo mesmos e com a lógica, porque, em última análise, todo alimento é vivo, tanto o animal como o vegetal. Só os que se alimentam exclusivamente da polpa das frutas e de folhas verdes procederiam com certa lógica; mas poderão eles evitar a ingestão de seres unicelulares que vivem no ar, na água e por toda a parte? E, se quiserem praticar higiene, não poderão viver decentemente sem certos desinfetantes, como sabão, álcool, etc.

Em última análise, para não matar, só existe um processo: — morrer!

Por isso, é razoável manter um meio-termo entre os extremos, como fazia Jesus de Nazaré e como fazem muitos outros homens espirituais: não destruir desnecessariamente outra vida infra-humana.

Abusar — é mau.

Recusar — é permitido.

Usar — é bom.

Mais facilmente sustentável é o vegetarianismo por motivos biológicos.

Vida é luz. E quanto mais próximo da luz estiver o nosso alimento, tanto mais ele favorece a vida. Ora, o vegetal, sobretudo as frutas, se acham no primeiro plano lucigênito, porque são produtos diretos da luz solar, graças ao fascinante mistério da fotossíntese, que se opera, durante o dia, nos grânulos de clorofila das folhas. A combinação dos sais da terra e da luz solar faz do inorgânico o orgânico, e essas substâncias orgânicas formam o grosso da nossa alimentação. Por isso, convém assimilar "de vivo para vivo", e não matar primeiro, pela fervura, os vegetais vivos, exceto aqueles que não puderem ser ingeridos em estado cru.

A natureza oferece ao homem grande variedade de frutos saborosos que não necessitam ser fervidos, mas se encontram em estado de assimilação imediata, de vivo para vivo. Esses frutos, é claro, devem ser amadurecidos ao Sol para possuir todas as suas qualidades nutritivas, e não colhidos verdes e guardados dias ou semanas inteiras à sombra dos armazéns e das quitandas.

Dia virá em que o homem, sem voltar ao tempo dos trogloditas, encontrará uma fórmula conciliatória entre as mais altas conquistas de sua civilização e o contato amigo e vitalizante com as forças eternas da natureza. Então compreenderá ele a sabedoria das palavras clássicas do grande médico grego Hipócrates: "Seja o teu alimento o teu medicamento!". Verá que não necessita de medicamentos o homem que descobriu o segredo de uma alimentação natural.

Em vez de plantar hortas de verduras, que exigem renovação anual, devia o homem dar preferência à plantação de pomares de árvores frutíferas, que dão apenas trabalho inicial e fornecem alimento sadio durante decênios, e até séculos. Destarte, teria o homem muito mais tempo livre para outras ocupações de índole superior.

Afirmam os entendidos que apenas quatro frutos são necessários para fornecer ao organismo humano todos os elementos de que ele necessita: nozes ou castanhas, abacates, mamões e bananas. A plantação e a manutenção dessas árvores exige pouco trabalho.

Outras frutas podem ser adicionadas a essas, para maior variação de gosto.

Sendo que a atividade espiritual do homem exige uma base material, segue-se que quanto mais pura e natural for essa base, melhor ambiente haverá para as atividades espirituais. O homem moderno vicia o seu veículo corpóreo, tornando-o inapto para as funções superiores, além de provocar inúmeras doenças e moléstias, perfeitamente evitáveis por meio de uma alimentação correta e duma eliminação completa.

Sobrevivência e imortalidade

—Pode-se provar a imortalidade da alma?
— Não, senhor.
— Então, por que tanta gente diz ter certeza da imortalidade?
— Pode-se ter certeza de algo que não se tenha provado. A verdadeira certeza é anterior a qualquer prova ou demonstração científica, porque brota das íntimas profundezas da alma, ao passo que as provas são apenas o resultado de um penoso e incerto processo analítico intelectual. As provas se referem sempre a objetos externos, a certeza vem do sujeito interno.
— Entretanto, conheço livros espiritualistas que afirmam ser a imortalidade, hoje em dia, objeto de demonstração científica.
— Esses autores confundem imortalidade com sobrevivência. Pode a alma humana sobreviver à morte corporal por anos, séculos ou milênios, sem ser imortal. Sabemos, hoje em dia, mediante provas empíricas, que o corpo astral do homem sobrevive à destruição do seu corpo material, podendo até ser materializado visível e tangivelmente; mas nada disso prova a imortalidade da alma humana. Aliás, essas próprias entidades astrais são unânimes em afirmar que elas não são imortais, que sucumbirão à morte, e até a várias mortes.
Podemos, hoje em dia, estabelecer o seguinte:

A força vital cria um corpo material, o qual se dissolve com a morte.

A força mental (faculdade intelectual) produz um corpo astral, que sobrevive à destruição do corpo material, mas também é mortal, embora menos destrutível do que este.

A força espiritual produz um corpo-luz, que é o único corpo imortal, uma vez que a luz, como ensina a ciência atômica de Einstein, é a única realidade indestrutível no mundo físico. "Vós sois a luz do mundo" — essas palavras do Cristo focalizam a mesma verdade. Sendo o corpo o princípio de individuação, e não existindo indivíduo sem corpo, segue-se que o indivíduo que perde o seu corpo perde a sua individuação, voltando ao Nada Individual ou Existencial, que é idêntico ao Todo Universal ou Essencial. Corpo não é matéria. A matéria representa apenas uma das muitas formas de corpo. Quando o homem consegue realizar o seu corpo-luz, pelo "renascimento espiritual", então perpetua ele o veículo humano do espírito divino, e a sua alma vive eternamente. Não volta ao Nada nem ao Todo, mas continua no plano do Algo, ou melhor do Alguém, perpetuando-se como Indivíduo humano.

Verdade é que certos mestres do Oriente ensinam o nirvana absoluto, o retorno do Existir Individual ao seio do Ser Universal, a recaída da onda do Eu humano ao oceano do Todo divino. Entretanto, os ensinamentos do Cristo não deixam a menor dúvida sobre esse particular; ele admite claramente a possibilidade da imortalidade individual.

A possibilidade, e não a necessidade ou realidade. Deus é necessariamente imortal.

Os seres da natureza infra-humana são necessariamente mortais.

O homem é possivelmente imortal, quer dizer que se pode imortalizar e pode também falhar a sua imortalização; há, para ele, a possibilidade de uma "vida eterna" e de uma "morte eterna". Se o homem, no ciclo total da sua evolução, não criar o seu corpo-luz, integrando-se, assim, ao Todo Universal (sem se diluir nele), então se desintegra individualmente e volta para onde veio. Os elementos materiais voltam para a terra e o ar, e o seu elemento espiritual, a alma, volta para o Espírito Universal. O homem-indivíduo deixou de existir, embora o espírito divino dele continue a ser; mas esse Espírito Universal não é o homem, não é sua alma, seu Eu individual. O homem que cai vítima da morte eterna dissolve-se como os seres da natureza infra-humana. Mas, sendo essa sua dissolução um processo culpável, precede à morte eterna um longo período de involução descensional, rumo às regiões inferiores do mundo, que se chamam inferno, hades ou sheol. Os seres conscientes e livres que se acham nesse declive rumo ao aniquilamento são os seres do "inferno", humanos ou não humanos. A sua irradiação é negativa, contaminando com seus fluidos involutivos os seres evolutivos que forem alérgicos a essas vibrações negativas. Invocando as mais positivas ou espirituais das vibrações positivas ou boas, que são as auras do Cristo, pode o homem imunizar-se contra as irradiações dos seres do declive descensional rumo aos ínferos.

"Envolve-me, penetra-me todo a Luz Branca do Cristo — nenhum mal me pode tocar, todo bem me deve caber"...

Sábado e domingo

O texto do Gênesis diz que Deus "descansou no sétimo dia" e, em comemoração desse *shabbat* (descanso), deve o homem repousar no sétimo dia da semana e santificar esse dia.

Quem toma o texto dum livro simbólico ao pé da letra se emaranha em inextricáveis dificuldades.

Antes de tudo, pergunta-se que espécie de "dias" eram os *yom* do livro do Gênesis. O sol, a luz e as estrelas, diz o texto, foram creados no quarto *yom*, palavra hebraica traduzida por "dia". Que espécie de "dias" eram os três precedentes em que não havia sol? Evidentemente, não eram dias de 24 horas. A palavra yom significa qualquer período de tempo, podendo ter sido um ano, um século, um milênio, centenas e milhares de milênios ou bilênios — tudo é yom. De maneira que faríamos bem em traduzir: "No primeiro período cósmico creou Deus a luz... No quarto período cósmico creou Deus o sol, a luz e as estrelas..." E assim por diante.

De resto, os que insistem no sétimo dia da semana deveriam determinar em que dia da semana Deus começou a obra da creação; se foi em nossa atual segunda-feira, então o sétimo dia é o domingo; se começou no domingo, o sétimo dia é o sábado. Mas, como não havia dias de 24 horas, nada se pode precisar, e toda essa controvérsia carece de fundamento.

Parece que o organismo humano é feito de tal modo que de seis em seis dias exige um dia de repouso. A Revolução Francesa introduziu a semana de dez dias, mas viu-se obrigada a voltar ao período de sete dias.

Para o homem realmente espiritual, os dias santificados são sete por semana e 365 por ano, porque também o trabalho realizado no verdadeiro espírito é serviço divino e liturgia cultual.

Desde o início do Cristianismo, foi o sétimo dia da semana substituído pelo primeiro (domingo), por causa da ressurreição de Cristo na madrugada desse dia.

Mas quem ultrapassou a ideologia infantil de um Deus pessoal, antropomorfo, não atribui a Deus a predileção pelo número sete ou um.

Homem vem do animal?

Até meados do século XIX era convicção quase geral da humanidade ocidental que Deus criara o homem diretamente, fora da longa série dos outros organismos. Essa ideologia baseava-se na interpretação literal do texto do Gênesis. As igrejas cristãs, em geral,continuam a ensinar isso a seus filhos; perderam o senso esotérico-místico e só conhecem o sentido exotérico-profano dos livros inspirados.

A partir da segunda metade do século passado, prevaleceu, nos meios científicos, a doutrina de que o homem viera do animal, de algum mamífero superior — seja símio antropoide, lêmure ou outro animal.

Hoje, muitos cientistas assumem atitude intermediária entre esses dois extremos. Admitem, à luz de fatos inegáveis, que o corpo humano, de fato, passou por uma série de formas orgânicas inferiores, mas sabem também, à luz da lógica, que o maior não vem do menor, que o menos perfeito não pode causar o mais perfeito. Se o homem é um ser mais perfeito que o mais perfeito dos animais, não podia esse mais do homem provir do menos do animal.

Convém, portanto, distinguir entre causa e canal. Podem organismos inferiores ter servido de canais ou veículos para o homem, mas não podem ter sido a causa dele. Pode o homem ter vindo através do animal, mas não pode ter vindo do animal. A ciência prova o através, mas não prova o do, porque um efeito maior causado por uma causa menor é contra a lógica e a matemática, e não pode ser admitido. Se dermos ao homem o grau de perfeição 80, e ao mais perfeito dos animais o grau 50, é evidente que este não pode ter causado aquele, embora possa ter servido de canal ou veículo. Um encanamento, de per si, não produz água se não for ligado a uma nascente; a água não vem do encanamento, mas sim através dele. A luz solar que ilumina uma sala não vem da janela aberta, mas sim através da janela aberta: vem do sol.

Objeta-se que o homem de hoje podia, sim, vir do animal de ontem, porque o animal possuía em si a potencialidade para se formar homem, assim como uma semente encerra a potencialidade para a planta, ou como o ovo contém a potência para a futura ave. E com isso julgam muitos professores de ciência natural ter solucionado o enigma.

Na realidade, porém, laboram num grande erro e numa deplorável confusão de ideias.

Que é potência, potencialidade? É verdade que a semente ou o ovo encerram a potencialidade para a futura planta ou ave?

Parece que sim, porque da semente nasce a planta, do ovo sai a ave.

Entretanto, é errôneo supor que a potência seja uma espécie de conteúdo dentro da semente ou do ovo; que a planta ou a ave estejam contidas na semente ou no ovo como que em miniatura ou maquete. A potência ou potencialidade não é senão a idoneidade ou aptidão para veicular rumo ao efeito (planta, ave) uma parcela, maior ou menor, das energias cósmicas, da Vida Universal, concretizando-a em vida individual. Suponhamos que a potência da semente seja igual a 10, e a perfeição da planta igual a 100; é certo que o 10 não produziu ou causou o 100; mas o 10 podia servir de veículo para canalizar parte da Vida Universal rumo a esse 100. Essa vida Universal, porém, não estava dentro do 10 como conteúdo; a potência 10 é apenas uma idoneidade ou disposição propícia para veicular uma parte da Vida Universal para a futura planta.

Se eu ligar um cano de meia polegada a uma nascente, esse cano tem a potência de veicular meia polegada de água rumo à torneira, mas essa meia polegada de água não está contida no cano; está na fonte; e, porque o encanamento tem certa capacidade, pode ele canalizar essa porção de água. Se aumentar essa capacidade, de meia polegada para três quartos ou uma polegada inteira, darei ao encanamento a possibilidade ou a potência de veicular maior quantidade de água da mesma fonte.

É certo que em alguns organismos existia determinada capacidade para veicular parcela maior da Vida Universal, até ao plano da Inteligência, e até às alturas da Razão. Essa Inteligência e essa Razão estavam contidas na Vida Universal, no Infinito, no Todo Cósmico (Divindade), mas não estavam contidas como em miniatura no corpo desses organismos inferiores.

O homem veio, pois, do Infinito, do grande Todo, da Vida Universal — como todos os outros seres também vieram desse mesmo Infinito. Uma só é a fonte ou causa — muitos são os canais ou veículos.

Destarte, congraçamos em perfeita harmonia a ciência e a filosofia, os fatos objetivos da paleontologia e a verdade da lógica e da matemática.

Inspirição divina

— Você crê em inspiração divina?
— E por que não? Resta apenas definir o que se entende por "inspiração divina". Comumente, entende-se por essa palavra uma voz que venha de fora do homem, através dos ouvidos corpóreos, porque o homem profano só admite um Deus externo, transcendente, e nada sabe de um Deus interno, imanente. Os iniciados, porém, sabem que "o espírito de Deus habita no homem", que a alma humana é o próprio espírito divino em forma individualizada. Enquanto esse espírito divino, a alma, dorme no homem, não há inspiração; mas, se acordar e começar a falar, embora em grande silêncio, há inspiração divina.

Aliás, toda inspiração divina deve ser entendida desse modo. Nunca Deus falou a um homem através dos sentidos materiais; quando se revela, revela-se através da alma, que é Deus no homem.

Naturalmente, o homem, habituado a haurir os seus conhecimentos através dos objetos externos, julga ter ouvido

Deus de fora; a força do hábito o leva a objetivar a sua experiência subjetiva. Geralmente, o homem objetiva Deus em forma de luz ou de som. E, no caso de a alma não estar plenamente despertada, mescla ela os ingredientes dos sentidos e do intelecto com as suas experiências espirituais, e a puríssima inspiração de Deus sai mesclada com impuros aditamentos humanos. Só no caso de a alma humana ter adquirido imaculada pureza experiencial (como no caso de Jesus), não é a pura revelação divina mesclada com impuros elementos humanos.

Os que aceitam a Bíblia "de capa a capa" como puríssima inspiração de Deus, na forma em que possuímos esse livro, não podem compreender como Deus tenha dado, antigamente, revelações tão imperfeitas (vingança pessoal e nacional, apedrejamento das adúlteras, mas não dos adúlteros, matança de crianças inocentes, como exige o Salmo 137, etc.). Os que sabem que toda a inspiração e revelação vem de dentro do próprio homem, e como há poucos homens suficientemente puros para não contaminarem a pureza divina, esses compreendem o porquê de certas revelações menos perfeitas.

Vale também aqui o velho adágio filosófico: "O recebido está no recipiente segundo o modo do recipiente".

Disciplina sexual

—Devem os jovens e as jovens viver em abstenção sexual antes de casados?

— Devem, sim, porque o uso do sexo tem por fim natural a procriação de um novo ser humano.

— Mas isso é impossível, sobretudo no ambiente da nossa civilização, onde os jovens não costumam casar cedo.

— Impossível, por quê? Naturalmente, quem acumula combustível em torno de si e lhe deita fogo não deve estranhar quando é queimado — mas por que acumulou combustível e lhe deitou fogo?

— Fale mais claro.

— A nossa vida social, sobretudo nas grandes cidades, é a tal ponto eivada de sexualismo que homens e mulheres vivem uma espécie de incêndio permanente. Literatura, cinema, rádio, televisão, imprensa, publicidade comercial e industrial — tudo respira erotismo, tudo converge para o fim de estimular e potencializar os instintos sexuais. Se os jovens se deixarem influenciar por esses impactos e não tiverem outro centro de interesses mais poderoso, acabarão por sucumbir à incessante ofensiva, mas não deixam de ser culpados. O conhecido *slogan* que diz que "o ambiente faz o homem" é uma confissão de covardia e derrotismo; o homem forte é senhor do seu ambiente, e não produto e escravo dele.

Mas não provou a Medicina que a abstenção sexual prolongada cria doenças e pode até levar a neuroses e loucuras?

— A Medicina nunca provou isso. Pelo contrário, ainda num dos recentes Congressos Internacionais de Medicina — creio que foi no de Oslo — entre as dezenas de teses propostas pelo Congresso, apenas quatro tiveram votação unânime da parte de milhares de médicos, e uma dessas teses foi a seguinte: Nós, os médicos do Congresso, declaramos não conhecer doença alguma proveniente da abstenção sexual, ao passo que sabemos de numerosas enfermidades causadas pelos abusos sexuais.

O que, por vezes, acarreta os mencionados males não é a abstenção sexual em si, mas é a tensão desnatural criada pelo ambiente erótico da nossa decadente civilização e a vontade do jovem de resistir a esse poderoso impacto. Mas é possível neutralizar, mental e emocionalmente, o veneno desse ambiente externo inevitável pela criação de um ambiente interno de pureza e imunidade, prevenindo, assim, a formação de uma tensão erótica excessiva capaz de produzir os mencionados males.

— E quanto aos casados?

— Também eles têm de praticar disciplina sexual. Matrimônio não é passaporte para desenfreada luxúria, como muitos pensam. Essa luxúria indisciplinada é a principal responsável pelo esfacelo de muitos lares, porque libido é egoísmo sexual que destrói o amor conjugal.

É vergonhoso verificar que, em muitas casas, exista ainda esse móvel abominável que se chama "cama de casal". O homem é o único animal que julga necessário unir-se à fêmea 365 vezes por ano, e para facilitar esse libidinoso concubinato — embora legalizado em igreja ou cartório — inventou ele um móvel especial, que nem se envergonha de exibir em público. Nenhuma besta selvagem das nossas matas é tão libidinosa como certos homens e certas mulheres, e, se as bestas soubessem que nós apelidamos de "bestialidade" o excesso de luxúria humana, sentir-se-iam grandemente ofendidas com semelhante difamação, porque as bestas quadrúpedes são muito menos "bestiais" do que certas bestas bípedes. Os animais selvagens, quando não contaminados pelo homem civilizado, nem adulterados pelo artificialismo desnatural do confinamento e da alimentação, como os nossos cavalos, vacas, porcos, cabras, cães, gatos, etc. — Os animais, em estado e ambiente naturais, costumam acasalar-se apenas durante uns poucos meses anualmente, em geral na primavera, vivendo machos e fêmeas indiferentes uns aos outros durante o resto do ano. A natureza, sábia em suas leis, faz despertar neles o cio sexual apenas em determinados períodos e o mantém dormente durante o resto do ano. Exemplificação maravilhosa desse fato é o filme documentário de Walt Disney sobre as focas. O homem civilizado, porém, inventou um cio permanente e já nem percebe a perversão que vai nesse estado. E, quando o feitiço vira contra o feiticeiro, então o homem sucumbe à sua própria "civilização" e chega ao ponto de declarar normal o anormal e de rotular de anormais os homens normais.

Matrimônio e divórcio

— Você é a favor do divórcio?
— O divórcio é um mal que não deve ser permitido senão em casos extremos e excepcionais.
— Mas não diz Jesus que o homem não deve separar o que Deus uniu?
— Certamente. Resta apenas saber o que quer dizer "o que Deus uniu".
— Ora... se dois se unem pelo sacramento do matrimônio, Deus os uniu.
— Pode-me provar que Deus instituiu esse chamado sacramento do matrimônio?
— Foi isso que aprendi no catecismo...
— Eu também, mas nada disso encontrei nos ensinamentos de Jesus Cristo.
— Que quer então dizer "o que Deus uniu"?
— Deus é amor, e o que o amor une não deve o homem separar. Onde há verdadeiro amor entre os cônjuges, não há perigo de divórcio. Nunca ninguém se divorciou por amor, mas sim por egoísmo e paixão libidinosa.

Seria absurdo admitir que todos os cônjuges unidos por um ritual religioso, ou pelo contrato civil, sejam unidos pelo amor, por Deus. Há inúmeros outros motivos de união conjugal — dinheiro, política, ambição, convenção social, libido, interesse, leviandade —, e nada disso é Deus, nada disso é amor.

Entretanto, Jesus não permitiu divórcio...

* * *

— Como evitar essa infidelidade que leva ao divórcio?

— Fazendo prevalecer o amor sobre a libido. Mas aqui entramos em maiores profundidades, na psicologia e na filosofia da felicidade. Pessoa que não tenha encontrado a sua felicidade humana, essencial, profunda, em si mesma, independentemente do sexo, entra no matrimônio sob maus auspícios de felicidade. O que não encontrou na natureza humana como tal não encontrará no varão ou na mulher.

Em última análise, ninguém me pode fazer feliz ou infeliz, exceto eu mesmo. Felicidade é perfeita harmonia entre o meu querer e agir individual e o Querer e Agir Universal, ou seja, entre a criatura e o Criador. Feliz é aquele que sintonizou a sua consciência com a Lei eterna da Verdade, da Justiça, do Amor, da Benevolência, para com o Criador e todas as criaturas. Se alguém espera receber de outrem o que só pode vir de dentro dele, já está num trilho falso.

Devem, pois, o homem e a mulher adquirir essa maturidade humana antes de realizar uma sociedade masculino-feminina, porque esta não pode substituir aquela, como frisei no meu livro Problemas do Espírito, no capítulo "Personalidade e Sexo".

Quem é imaturo em sua natureza humana como tal dificilmente encontrará felicidade no setor masculino ou no feminino.

Quem casa para receber algo dele ou dela já assumiu perspectiva falsa. Só pode esperar felicidade quem se esquece de si mesmo e só deseja fazer feliz a outra pessoa. A felicidade é muito evasiva e fugaz: só corre atrás de nós quando desistimos de correr atrás dela; quando ultrapassamos o nosso próprio Ego e demandamos um Tu para o tornarmos feliz.

"Há mais felicidade em dar do que em receber"...

Onde há verdadeiro amor — e não apenas paixão — entre homem e mulher, aí há casamento, porque Deus é amor, e o que Deus uniu nunca será separado pelo homem.

Casamento é amor, e não carimbo de cartório nem água-benta de igreja.

Onde há verdadeiro casamento não há divórcio.

Onde não há verdadeiro casamento por amor, aí os dois casados vivem num divórcio permanente.

Divorciar quer dizer separar.

Todo casado sem amor é um divorciado.

A união dos corpos só é autêntica onde há união das almas.

Concílio ecumênico

— Você acha que o Concílio Ecumênico que se reuniu no Vaticano em outubro de 1962 resolveu o problema da harmonia espiritual da humanidade?
— Absolutamente, não.
— E por que não?
— Antes de tudo, esse Concílio não foi Ecumênico, palavra grega para Universal. Nem sequer um terço dos grupos religiosos ou espirituais da humanidade foi convidado para essa assembleia. O grosso do gênero humano ficou fora. No século IV nasceu o catolicismo romano, sob a égide de Constantino Magno, restringindo a Catolicidade (isto é, a Universalidade) do Cristianismo e limitando-o oficialmente ao setor romano. Assim, a Universalidade cristã acabou em parcialidade romana, criando um Catolicismo não católico — e agora surge um Ecumenismo não ecumênico...
— Mas parece que a intenção do Concílio era não abranger a humanidade total, que, pela maior parte, não é cristã; quis apenas convidar os grupos que, oficialmente, professam o Cristianismo, ou seja as igrejas Romana, Ortodoxa e Evangélica.
— Não confundamos Cristianismo com igrejas cristãs; estas são uma tentativa, mais ou menos honesta e feliz, de interpretar o Cristianismo, mas não são o Cristianismo. Mahatma Gandhi, por exemplo, pertencia ao genuíno Cristianismo,

mas não foi membro de nenhuma igreja cristã. Albert Schweitzer é, certamente, um luminar do Cristianismo, mas não pertence a nenhuma igreja cristã, nem mesmo ao protestantismo em cujo seio nasceu. Num dos seus livros, diz Schweitzer: "Nós, os cristãos, inventamos um soro teológico, que injetamos aos homens, e quem é devidamente vacinado com a nossa teologia é imunizado contra o espírito do Cristo".

De resto, pelo programa divulgado, se percebe claramente que o Concílio Ecumênico não tem a intenção de afirmar a totalidade das doutrinas do Cristo, além de admitir doutrinas inteiramente alheias ao Evangelho do Cristo.

— Como assim?

— O clero do Concílio, por exemplo, defende, como base da sua teologia eclesiástica, a ideia do pecado original e a consequente necessidade do batismo das crianças.

— E não faz esta doutrina parte essencial do Cristianismo?

— Do Cristianismo das igrejas, sim; do Cristianismo do Cristo, não!

— Que está dizendo? Isso é novidade para mim...

— Também para mim foi novidade em tempos idos, hoje é verdade incontroversa. Não encontramos no Evangelho do Cristo uma só palavra sobre a existência do pecado original, fundamento e ponto de partida de todas as teologias eclesiásticas. O Cristo nada sabe da afirmação de que todo ser humano teria herdado o pecado de Adão e por isso também nunca falou em batismo de crianças. Para ele, todos nós somos de "imaculada conceição" e, se deixamos de ser imaculados, é por nossa culpa pessoal, e não por culpa de Adão. Jesus recomendou a seus discípulos o batismo de João, que só batizava pecadores adultos, e não crianças, porque nem João acreditava em pecado original.

— Mas é verdade que Jesus considerava o homem essencialmente bom por natureza, desde o seu nascimento e sua concepção?

— Leia o Evangelho e verá. "Deixai vir a mim os pequenos e não lho embargueis, porque de tais é o reino dos céus"... "Se não vos converterdes e vos tornardes como esta criança não entrareis no reino dos céus"... "Aí daquele que incitar ao pecado um desses pequeninos que creem em mim!"... Não é evidente que Jesus considera puras e imaculadas essas crianças, que se achavam no mesmo estado moral em que tinham nascido? Teria ele proposto a seus discípulos, impuros por culpa própria, modelos impuros por culpa alheia? E, se fossem impuros, como é que deles era o reino dos céus?

— É deveras estranho que as igrejas ensinem o que o Cristão não ensinou...

— Por essa mesma razão também não era geral, no princípio do Cristianismo, o batismo de crianças, embora em algumas regiões a doutrina da sinagoga prevalecesse sobre a doutrina do Cristo. Santo Agostinho e seus irmãos, ainda no século IV, não foram batizados por sua mãe cristã Santa

Mônica; eles mesmos, depois de adultos, pediram o batismo.

Também o Símbolo Apostólico, que remonta ao segundo século, diz "creio num batismo para a remissão de pecados" — e não do pecado original. O divino Mestre não atribui a salvação ao batismo, mas à fé manifestada pelo ritual da imersão e emersão (em grego *baptisma*) como símbolos da morte do homem pecador e ressurreição do homem justo: "Quem crer e for batizado será salvo — quem não crer será condenado". Mas como pode uma criança crer?

— Em que outros pontos diverge o Concílio Ecumênico do Evangelho do Cristo?

— Não consta que Jesus tenha instituído sete sacramentos e entregue ao monopólio exclusivo de uma determinada classe social. Não consta, sobretudo, da instituição de sacramentos chamados matrimônio, confirmação, ordem, extrema-unção. Não consta que tenha nomeado Pedro chefe da Igreja, no sentido teológico, tanto assim que ainda no século V, como consta pelo Sermão 76, Santo Agostinho, ecoando a opinião geral do seu tempo, afirma que as palavras "Tu és Pedro e sobre esta pedra edificarei a minha igreja" não se referem à pessoa de Pedro, mas sim à revelação divina feita a ele, e que essa revelação é que é o fundamento da Igreja. De resto, nem Pedro nem Paulo conheciam essa suposta nomeação de Pedro, nem o consideravam infalível, como Paulo refere na epístola aos gálatas. Nem nos séculos subsequentes houve, nos pontífices romanos, infalibilidade doutrinária em matéria de fé e moral. Tanto assim que ordenaram a impiedosa matança de milhares de inocentes, nas Cruzadas e na Inquisição, contrariando flagrantemente a doutrina de Jesus Cristo, que nunca permitiu a morte de uma só pessoa humana, nem mesmo em caso de justa defesa. Se Pedro foi chefe da Igreja, como se pretende, então foi o Pedro de espada em punho que cortou a orelha de Malco.

É flagrantemente anti-histórico que Pedro tenha sido o primeiro papa e tenha governado a Igreja de Roma, como demonstramos em outro capítulo deste livro.

Ora, tudo isso e muitas outras doutrinas anticristãs são reafirmadas pelo Concílio Ecumênico, cujo fim não foi, evidentemente, a causa sagrada da Verdade do Evangelho do Cristo, mas sim o incremento do prestígio e do Poder da hierarquia eclesiástica.

— Mas você não acha que, mesmo assim, o Concílio foi um grande passo rumo à harmonia espiritual da humanidade?

— No terreno social, acho que serviu para promover maior aproximação e tolerância entre os diversos setores do Cristianismo, e mesmo, até certo ponto, da espiritualidade universal. Fez ver, creio, que ninguém possui o monopólio da verdade total, embora todos os indivíduos e grupos sinceros sejam participantes da Verdade.

Ninguém, todavia, sucumba ao ingênuo otimismo de esperar que alguma das igrejas sacrifique, depois disso, um só dos seus dogmas ou doutrinas típicas, a fim de favorecer o congraçamento universal. Os cristãos romanos continuarão a afirmar, depois como antes, a infalibilidade do papa, os privilégios do clero, os sete sacramentos, etc. Os cristãos ortodoxos continuarão a aderir ao seu patriarca e não se submeterão ao pontífice romano. Os cristãos evangélicos continuarão a aceitar a Bíblia "de capa a capa" como infalível regra de fé e vida.

Onde quer que exista uma organização social, aí prevalece o motivo do Poder, restringindo, e, por vezes, extinguindo, a causa da Verdade. A Verdade em si não é organizável e, geralmente, decresce na razão direta em que o Poder cresce...

Entretanto, "conhecereis a Verdade, e a Verdade vos libertará"...

Missa

— É verdade que Jesus rezou a primeira missa na Santa Ceia e mandou repeti-la?
— Essa é a doutrina da igreja, mas não tem base no Evangelho.

Na última ceia Jesus usou o pão e o vinho para simbolizar o que realizou mais tarde, na gloriosa manhã do Pentecostes. Assim como o alimento material deve ser destruído pela trituração para ser assimilado como energia vital (calorias), assim deve também o Jesus humano morrer para que o Cristo divino possa integrar-se nas almas humanas. Os símbolos materiais de pão e vinho, da quinta-feira, foram o prelúdio para o simbolizado espiritual da comunhão cística, do domingo de Pentecostes, como ele mesmo havia dito: "As palavras que vos digo são espírito e vida — a carne de nada vale".

Depois de receber os símbolos materiais, os discípulos cometeram os mesmos pecados: traição, suicídio, negação e deserção do mestre; mas, depois de receber o simbolizado espiritual, todos se tornaram arautos heroicos do reino de Deus na Terra.

Pedro Papa

— Pedro foi papa em Roma?

— Pedro viveu em Roma só dois ou três meses, de abril a junho do ano 67, quando ele e Paulo foram presos e morreram mártires. Em 64 sofreu as perseguições dos cristãos, decretada por Marco, e em Roma não sobreviveu nenhum cristão conhecido. Em 45 Pedro esteve na Babilônia, onde escreveu a primeira epístola que figura no Novo Testamento. Se Pedro tivesse sido papa em Roma, só poderia ter reinado dois ou três meses, e não 25 anos.

Jesus morreu — por quê?

—Jesus morreu pelos seus pecados?

— Isso é doutrina da teologia, mas não do Evangelho. Quando os discípulos de Emaús quiseram saber por que Jesus tinha sofrido e morrido, ele mesmo lhes respondeu: "Não devia o Cristo sofrer tudo isto para entrar em sua glória?". E Paulo de Tarso, na epístola aos filipenses, diz que o Cristo depois de sua encarnação, prisão e morte voluntária, foi o superexaltado, tornando-se maior que antes. O verdadeiro motivo da encarnação e morte voluntária de Jesus foi a sua autorrealização ou evolução superior. Todos os avatares de alta evolução procuram resistência, descendo a regiões inferiores, pois sem resistência não há evolução. O Cristo, "primogênito de todas as creaturas" (Paulo) realizou uma evolução supercrística por sua encarnação e morte; entrou numa glória maior, como ele mesmo diz.

Jesus nunca afirmou que morreu para salvar a humanidade — que até hoje não está salva.

Aliás, Deus é inofensível e não podia sentir-se ofendido pelos nossos pecados. Qualquer ofendibilidade é sinal de mesquinhez.

Morte eterna

— O que é morte eterna?

— Morte eterna é, segundo o Evangelho, a extinção da natureza humana, em razão da não realização do destino da vida humana. O terceiro servo, na parábola dos talentos, perdeu o que tinha, porque não tinha a realização que deveria ter.

A morte eterna não é inflingida por Deus, mas é obra do próprio homem que não entrou na vida eterna da imortalidade.

Alma imortal

— A alma humana é imortal?
— A alma humana não é imortal, mas imortalizável. Nenhuma creatura pode ter natureza imortal, que só é da Divindade. O homem, dotado de consciência e livre-arbítrio, pode e deve tornar-se imortal. A imortalidade é uma conquista da consciência, e não um presente de berço. O homem nasce imortalizável e deve tornar-se imortal. Quem não se torna imortal durante o ciclo total da sua existência não entra na vida eterna, mas sucumbe à morte eterna.

Essa descida à extinção da natureza humana é chamada inferno ou inferiorização, que termina com a extinção definitiva da natureza humana. Nenhum Ser pode ser modificado, mas a existência normal pode ser a sua animalidade.

Todos os mestres espirituais têm o fim de ensinar aos homens o caminho da sua imortalização. "Eu vim para que os homens não pereçam, mas tenham a vida eterna."

Autorredenção ou alorredenção

— O que podemos entender por autorredenção ou alorredenção?

— As teologias falam em alorredenção, mas, para um ser dotado de consciência de livre-arbítrio, só existe autorredenção. O homem pode e deve salvar-se por esforço próprio, não de seu ego humano, mas por seu Eu divino. Essa redenção pelo Eu é Cristo-redenção, porque o Eu divino do homem é o seu Cristo eterno.

Essência da mensagem do Cristo

— Qual é a essência do Cristianismo?
— A essência da mensagem do Cristo está contida, como ele mesmo disse, nos dois mandamentos do amor integral em Deus e do amor universal dos homens: "Amarás o Senhor teu Deus com toda a tua alma, com toda a tua mente, com todo o teu coração, e com todas as tuas forças — e amarás o teu próximo como a ti mesmo — nestes dois mandamentos se baseia toda a lei e os profetas".

A consciência mística da paternidade única de Deus, manifestada pela vivência da fraternidade universal dos homens — é essa a quintescência da mensagem do Cristo, é esse o único Evangelho de verdade. É essa a verdadeira e única religião; o resto são teologias ilusórias e arbitrárias.

Espiritismo

— Qual é a sua posição em relação ao Espiritismo?

— No livro do Deuteronomio da Bíblia, disse Deus por Moisés: "Não haja entre vós quem dos mortos indague a verdade, porque certas coisas são abomináveis perante o Senhor".

Jesus disse: "Não chameis a ninguém sobre a face da terra vosso pai, vosso guia, vosso mestre, porque um só é vosso pai, vosso guia, vosso mestre — o Cristo".

Os mortos não são salvos nem santos só porque morreram. Como não podemos confiar nas palavras de qualquer creatura viva, assim também não podemos confiar em qualquer espírito desencarnado, porque tem o agravante de ser desconhecido.

Nenhum espírito de evolução superior, Moisés, Paulo, Agostinho, Jesus, Mahatma Gandhi, etc., obedecem aos chamados de um médium.

Meditação

— Fala-se muito em meditação. Mas meditar não é escapismo? Não é fugir da vida, em vez de enfrentá-la corajosamente?

— Se por meditação você entende isolamento, escapismo, sim. Mas o que eu entendo por meditação é reunir forças, carregar a bateria, para poder enfrentar corajosamente a vida sem ser derrotado por ela. Vejo, a cada dia, centenas de pessoas que se julgam vencedoras, quando não passam de pobres derrotados, porque se perdem nos objetos, mas nunca se encontram com seus próprios sujeitos; realizaram o que são, ou deviam ser. São deslumbrantes vacuidades, mas eu prefiro ser uma montanha plenitriste.

Nunca encontrei um homem que fosse realmente feliz sem se ter encontrado a si mesmo.

Muitos gozam, poucos são felizes.

Meditar não é pensar em coisas espirituais.

Meditar é autoconhecimento — homem, conhece-te a ti mesmo!

Meditar é esvaziar-se temporariamente de todas as ilusões escravizantes do ego, para ser plenificado da verdade libertadora do Eu.

Onde há uma ego-vacuidade acontece uma cosmo-plenitude, e essa cosmo-plenitude é que torna o homem realmente feliz.

Amigo, saia da ilusão de que meditação seja um misticismo passivo e entre na verdade de que a verdadeira meditação é a realização mais dinâmica da vida humana.

Mas... quem só falou ou ouviu falar em meditação, sem jamais ter experimentado por si mesmo uma verdadeira meditação, esse nada sabe da verdade.

Se você conseguir entrar seguidamente em cosmo-meditação será feliz dinamicamente e resolverá todos os problemas da sua vida.

Autoiniciação

Hoje em dia, muitas pessoas falam em iniciação. Todos querem ser iniciados.

Mas entendem por iniciação uma aloiniciação, uma iniciação por outra pessoa, por um mestre, um guru.

Essa aloiniciação é uma utopia, uma ilusão, uma fraude espiritual.

Só existe autoiniciação. O homem só pode ser iniciado por si mesmo. O que o Mestre, o guru, pode fazer é mostrar o caminho por onde alguém pode se autoiniciar; pode colocar setas ao longo do caminho, setas ao longo da encruzilhada, setas que indiquem a direção certa que o discípulo deve seguir para chegar ao conhecimento da verdade sobre si mesmo. Isso pode e deve o mestre fazer — suposto que ele mesmo seja um autoiniciado.

Jesus, o maior dos Mestres que a humanidade ocidental conhece, ao menos aqui, durante três anos consecutivos, mostrou a seus discípulos o caminho da iniciação, o que ele chama de "Reino dos Céus", mas não iniciou nenhum dos seus discípulos. Eles mesmos se autoiniciaram na gloriosa manhã do domingo de Pentecostes, às nove horas da manhã — como diz Lucas, nos Atos dos Apóstolos.

Mas essa grandiosa autoiniciação aconteceu só depois de nove dias de profundo silêncio e meditação; 120 pessoas se autoiniciaram, sem nenhum mestre externo, só dirigidas pelo mestre interno de cada um, pela consciência de seu próprio Eu divino, da sua alma, do seu Cristo Interno.

E essa autoiniciação do primeiro Pentecostes, em Jerusalém, pode e deve ser realizada por toda pessoa. Mas, acima de tudo, o que quer dizer Iniciação?

Iniciação é o início na experiência da verdade sobre si mesmo.

O homem profano vive na ilusão sobre si mesmo. Não sabe o que realmente é. O homem profano se identifica com o seu corpo, com a sua mente, com suas emoções. E nessa ilusão vive o homem profano a vida inteira, 30, 50, 80 anos. Não se iniciou na verdade sobre si mesmo, não possui auto-conhecimento e por isso não pode entrar na autorrealização.

O que deve um homem profano fazer para se autoiniciar? Para sair do mundo da ilusão sobre si mesmo e entrar no mundo da verdade?

Deve fazer o que fez o primeiro grupo de autoiniciados, no ano 33, em Jerusalém, isto é, deve aprender a meditar, ou cosmo-meditar.

Os discípulos de Jesus fizeram três anos de aprendizado e nove dias de meditação — depois se autoiniciaram. Descobriram a verdade libertadora sobre si mesmo. A verdade que os libertou da velha ilusão de se identificar com o seu corpo, com a sua mente, com as suas emoções; saíram das trevas da ilusão escravizante e ingressaram na luz da verdade libertadora: "Eu sou espírito, eu sou alma, eu e o

Pai somos um, o Pai está em mim e eu estou no Pai... O reino dos céus está dentro de mim".

E quem descobre a verdade sobre si mesmo liberta-se de todas as inverdades e ilusões. Liberta-se do egoísmo, da ganância, da luxúria, da vontade de explorar, de defraudar os outros. Liberta-se de toda a injustiça, de toda a desonestidade, de todos os ódios e malevolências — de todo o mundo caótico do velho ego.

O iniciado morre para o seu ego ilusório e nasce para o seu Eu verdadeiro.

O iniciado dá o início, o primeiro passo, para dentro do "Reino dos Céus". Começa a vida eterna em plena vida terrestre. Não espera um céu para depois da morte, vive no céu da verdade, aqui e agora — e para sempre.

Isso é autoiniciação.

Isso é autoconhecimento.

Isso é autorrealização.

O início de tudo isso é a meditação ou cosmo-meditação, de que já falamos em outra ocasião.

Repito que é impossível a verdadeira meditação sem que o homem se esvazie de todos os conteúdo do seu ego ilusório; quem se esvaziar da sua ego-consciência será plenificado pela cosmo-consciência, que é a iniciação.

Mas é possível realizar este ego-esvaziamento na hora da meditação, mesmo que seja meia hora de introversão, se o homem viver 24 horas extrovertido, escravizado pelas coisas de seu ego ilusório.

A meia hora de meditação nada resolve, não abre as portas para a iniciação, se o homem não se libertar, durante o dia, da escravidão de seu ego.

Como fazer isso?

Libertação da escravidão do ego é usar as coisas materiais na medida do necessário, e não do supérfluo; o homem deve e pode ter um conforto necessário, sem desejar confortismos excessivos.

A mística da hora da meditação é impossível sem a ética da vida diária, sem o desapego do supérfluo. Luxo e luxúria são lixo que atravancam o caminho para a iniciação. Quem não remove esse lixo do luxo e da luxúria pode fazer quantas meditações quiser que não se poderá iniciar; porque as leis cósmicas não podem ser burladas.

A verdadeira felicidade do homem começa com a sua autoiniciação. Fora disso, pode ele ter um mundo de gozos e prazeres, mas não terá felicidade verdadeira, paz de espírito, tranquilidade de consciência. Todos os gozos e prazeres são do ego ilusório, somente a felicidade é do Eu verdadeiro.

Um autoiniciado é também um redentor para os outros.

Quando um único homem, escreveu Mahatma Gandhi, chega à plenitude do amor (autorrealização), neutraliza ele o ódio de muitos milhões.

Nada pode o mundo esperar de um homem que algo espera do mundo — tudo pode o mundo esperar de um homem que nada espera do mundo.

O iniciado dá tudo e não espera nada do mundo. Ele já encerrou as contas com o mundo, está quite com o mundo. Pode dar tudo sem perder nada.

O autoiniciado é um místico — não um místico de isolamento solitário, mas um místico dinâmico e solidário, que vive no meio do mundo sem ser do mundo.

Onde há uma plenitude, aí há um transbordamento. O homem plenificado pelo autoconhecimento e pela autorrealização transborda a sua plenitude, consciente ou inconscientemente, saiba ou não saiba, queira ou não queira. Essa lei cósmica funciona infalivelmente. Faz bem pelo fato de ser bom, de viver em harmonia com a alma do Universo.

Por isso, para fazer bem aos outros e à humanidade, não é necessário nem é suficiente fazer muitas coisas, mas é necessário e é suficiente ser bom, ser realizado e plenificado do seu Eu central, conscientizar e vivenciar de acordo com o seu Eu central, com o seu Cristo interno.

A plenitude da consciência mística da paternidade única de Deus transborda irresistivelmente na vivência ética da fraternidade universal dos homens.

Para ter laranjas — laranjas verdadeiras —, não é necessário fabricá-las. É necessário e suficiente ter uma laranjeira real e mantê-la forte e vigorosa. Nem é necessário ensinar a laranjeira a fazer laranjas — ela mesma sabe, com infalível certeza, como fazer flores e frutos.

Assim, toda a preocupação de querer fazer bem aos outros sem ser bom é uma ilusão tão funesta como o esforço de querer fabricar uma laranja verdadeira sem ter uma laranjeira. Mais importante que todos, o fazer é o ser. Onde não há plenitude interna, não pode haver transbordamento externo. Para fazer o bem aos outros, deve o homem ser realmente bom em si mesmo.

Que quer dizer ser bom?

Ser bom não é ser bonachão, nem bonzinho, nem bombonzinho. Para ser realmente bom, deve o homem estar em perfeita harmonia com as leis eternas da verdade, da justiça, da honestidade, do amor, da fraternidade e viver de acordo com essa sua consciência.

Todo o fazer bem sem ser bom é ilusório, assim como qualquer transbordamento é impossível sem haver plenitude. O nosso fazer bem vale tanto quanto o nosso ser bom. O ser bom é autoconhecimento e autorrealização.

Somente o conhecimento da verdade sobre si mesmo é libertador; toda e qualquer ilusão sobre si mesmo é escravizante.

Os mais ruidosos sucessos sem a realização interna são deslumbrantes vacuidades; são como bolhas de sabão — belas por fora, mas cheias de vacuidade por dentro. Um porcento de ser bom realiza mais do que 100% de fazer bem.

Autoiniciação é essencialmente uma questão de ser, e não de fazer. Essa plenitude do ser não se realiza pela simples solidão, mas pelo revezamento de introversão e extroversão. O homem deve, periodicamente, fazer o seu ingresso dentro de si mesmo, na solidão da meditação, e depois fazer o egresso para o mundo externo, a fim de testar a força e a autenticidade do seu ingresso.

Todo autoiniciado consiste nesse ingredir e nesse egredir, nessa implosão mística e nessa explosão ética.

Não há evolução sem resistência. Tudo que é fácil não é garantido; toda evolução ascensional é difícil, exige luta, sofrimento, resistência.

Estagnar é fácil.

Descer é facílimo.

Subir é difícil.

Toda evolução é uma subida, e sem subida não há iniciação.

Autoiniciação e autorrealização é o destino supremo do homem.

Um único homem autorrealizado é maior maravilha do que todas as outras grandezas do Universo.

Cosmo-meditação

A verdadeira meditação, ou cosmomeditação, é indispensável para a felicidade e a plenitude do homem.

A genuína felicidade supõe que o homem conheça a si mesmo, na sua realidade central, e viva de acordo com esse conhecimento.

Autoconhecimento e autorrealização são os dois polos sobre os quais gira toda a vida do homem integral ou univérsico. "Conhecereis a Verdade" disse o divino Mestre — "e a Verdade vos libertará".

O autoconhecimento, que é a base da autorrealização, não é possível sem uma profunda cosmo-meditação. O próprio Cristo antes de iniciar a sua vida pública passou 40 dias e 40 noites em cosmo-meditação permanente, no deserto, e durante os três anos da sua vida pública, referem os Evangelhos, Jesus passava noites inteiras na solidão, no deserto, ou no cume de um monte em oração com Deus.

O homem não é o seu corpo, nem a sua mente, nem as suas emoções, que são apenas o seu invólucro, o seu ego periférico. O homem é o seu Espírito, a sua Alma, o seu Eu-central, e, para ter disso plena certeza, deve o homem isolar-se temporariamente de todas as suas periferias ilusórias, para ter consciência direta e imediata da sua realidade central, isto é, meditar, ou cosmo-meditar. Quando o homem cosmo-medita, deixa de ser ego-pensante e se torna cosmo-pensado. Deixa de ser ego-agente e se torna cosmo-agido. Deixa de ser ego-vivente e se torna cosmo-vivido, ou, na linguagem do Cristo, "não sou eu que faço as obras, é o Pai em mim que faz as obras, de mim mesmo eu nada posso fazer". Ou na linguagem de Paulo de Tarso "eu morro todos os dias, e é por isto que eu vivo, mas já não sou eu que vivo, é o Cristo que vive em mim". "Se o grão de trigo não morrer, fica estéril — diz o Cristo —, mas se morrer então produzirá muitos frutos", o ego é simbolizado por um grão de trigo, ou uma semente qualquer, o Eu é a própria vida do gérmen, que está na semente. O gérmen vivo do Eu, não pode brotar se a casca do ego não se dissolver. Quem não tem a coragem de morrer voluntariamente, antes de ser morto compulsoriamente, não pode viver gloriosamente no mundo presente.

É necessário que o homem morra para o seu ego estéril para que viva para o seu Eu fecundo.

Muitos querem saber quando e onde se deve cosmo-meditar. O divino Mestre diz: "Orai sempre e nunca deixeis de orar". Orar não quer dizer rezar, que é recitar fórmulas. Orar, como a própria palavra diz, é abrir-se rumo ao Infinito, deixar-se invadir pelo Infinito, isso, segundo os mestres, é orar. Essa meditação permanente, essa meditação-atitude, de que fala o Cristo, tem de ser precedida por muitas meditações-ato. A meditação permanente deve começar com meditações intermitentes. A melhor hora para a meditação é sempre de manhã cedo, antes de iniciar qualquer trabalho. Quem não pode meditar de manhã cedo, medite à noite, antes de dormir, mas cuidado, quando alguém está muito cansado, depois dos trabalhos diurnos, é difícil fazer verdadeira meditação, porque a meditação é um trabalho muito sério. Acrobacia mental ou cochilo devocional não é meditação.

Convém que cada um tenha um recinto fechado e silencioso para meditar e que faça a sua meditação sempre à mesma hora e no mesmo lugar. É experiência que um recinto fechado se transforma, pouco a pouco, num santuário que facilita a meditação e a concentração mental, porque as auras e as vibrações desse lugar modificam favoravelmente o próprio ambiente.

Quanto à posição do corpo, observa-se o seguinte: quem não pode sentar-se à maneira dos orientais, em posição de lótus, sobre as pernas dobradas, use uma cadeira de acento firme, espaldar ereto, mantenha o corpo em atitude natural ereta, não cruze as pernas, e coloque as mãos no regaço, junto ao corpo, mantenha os olhos semifechados para favorecer a concentração. Uma luz suavemente azulada ou esverdeada ou pelo menos uma penumbra são muito favoráveis à concentração.

Antes de iniciar a cosmo-meditação, respire algumas vezes, profunda e vagarosamente, para harmonizar as vibrações dos nervos. Durante a meditação respire normalmente.

Qualquer atenção à atividade corporal, dificulta a meditação. Deve-se relaxar todas as tensões corporais e esquecer-se totalmente da presença do seu corpo.

Antes de meditar, pode conscientizar palavras como estas: "Eu e o Pai somos um. O pai está em mim, e eu estou no Pai", ou então: "Eu morro todos os dias e é por isso que eu vivo, mas já não sou eu quem vive, é o Cristo que vive em mim".

Depois de ter feito, muitas vezes, a meditação intermitente, em forma de atos diários, a pessoa verificará que a meditação se transforma, pouco a pouco, numa meditação permanente, sem ela saber, numa meditação-atitude, perfeitamente compatível com qualquer trabalho externo, em casa, na escola, no escritório, na fábrica, na loja, em qualquer ambiente.

Essa meditação-atitude, consciente ou inconsciente, não impede, mas até favorece grandemente os trabalhos externos, que ficam como que iluminados e aureolados de um alo de leveza, beleza e felicidade. Então compreenderá o homem o que o divino Mestre quis dizer com as palavras: "Orai sempre e nunca deixeis de orar", isto é, ter sempre a consciência da presença de Deus, mesmo sem pensar nada; ter consciência não é pensamento, consciência é um estado do Eu espiritual, mas não é um processo do ego mental. Quando o homem está em verdadeira consciência espiritual, não pensa nada, ele está com 100% de consciência espiritual e 0% de pensamento mental e então entra num verdadeiro estado de meditação-atitude, que tem de ser preludiada por muitas meditações e formas de atos conscientes e supraconscientes.

Convém preludiar a cosmo-meditação com alguma música concentrativa.

Nem todas as músicas clássicas dos grandes mestres são concentrativas; há poucas músicas realmente concentrativas, como, o conhecido *Hino a Brahma*, também a *Ave Maria* de Schubert, e a melodia mística do *Aonde Fores, Eu Irei*.

Essas músicas e outras podem servir de prelúdio para a cosmo-meditação. Digo de prelúdio, mas não acompanhar a meditação. Durante a cosmo--meditação deve haver silêncio absoluto, que é a música da Divindade, a música do Infinito. Esse silêncio não deve ser apenas físico, mas deve ser também mental e emocional. O homem não deve fazer nada, não deve pensar nada, não deve querer nada durante a cosmo-meditação, mas ficar simplesmente na consciência espiritual.

Esse homem vai ser invadido, por assim dizer, pela alma do próprio Universo. Esse universo não está fora dele, esse universo, pelo qual ele vai ser invadido, está no seu próprio centro, é a sua consciência central, o seu Eu, a sua alma, o seu espírito. As suas periferias vão ser invadidas pelo seu centro, porque é regra e lei cósmica: onde há uma vacuidade, acontece uma plenitude.

Se o homem consegue esvaziar-se completamente de todos os conteúdos do seu ego humano, infalivelmente vai ser invadido pela alma do universo, que não está fora dele, mas dentro dele mesmo. Essa invasão é automática, mas o esvaziamento do nosso ego é nossa tarefa própria.

E aqui está a grande dificuldade. O nosso querido ego não quer ser esvaziado das suas atividades, porque ele não sabe nada fora disso. Ele se defende contra esse ego-esvaziamento. Mas cair em transe, na subconsciência. Se isso lhe acontecer, nada vai acontecer de grande na meditação, porque no subconsciente não podemos realizar a nós mesmos, só podemos realizarmo-nos no supraconsciente. Portanto, quando alguém deixar de pensar e de querer alguma coisa, não caia em ou na inconsciência ou subconsciência, porque isso não resolve nada; tem de subir à supraconsciente, à cosmo-consciência.

A cosmo-meditação, quando praticada por muito tempo, resolve todos os problemas da vida humana. Isso é infalível.

O meditante sentirá, pouco a pouco, firmeza e segurança, paz e tranquilidade e uma profunda e permanente felicidade. Todos os problemas dolorosos da vida serão resolvidos depois de alguém se habituar a uma profunda e verdadeira cosmo--meditação.

Dados biográficos

Huberto Rohden
Vida e Obra

Nasceu em Tubarão, Santa Catarina, Brasil. Fez estudos no Rio Grande do Sul. Formou-se em Ciências, Filosofia e Teologia em Universidades da Europa — Innsbruck (Áustria), Valkenburg (Holanda) e Nápoles (Itália).

De regresso ao Brasil, trabalhou como professor, conferencista e escritor. Publicou mais de 65 obras sobre ciência, filosofia e religião, entre as quais, várias traduzidas em outras línguas, inclusive o Esperanto; algumas existem em braille, para institutos de cegos.

Rohden não está filiado a nenhuma igreja, seita ou partido político. Fundou e dirigiu o movimento mundial Alvorada, com sede em São Paulo.

De 1945 a 1946, obteve uma bolsa de estudos para pesquisas científicas na Universidade de Princeton, New Jersey (Estados Unidos), onde conviveu com Albert Einstein e lançou os alicerces para o movimento de âmbito mundial da Filosofia Univérsica, tomando por base do pensamento e da vida humana a constituição do próprio Universo, evidenciando a afinidade entre Matemática, Metafísica e Mística.

Em 1946, Huberto Rohden foi convidado pela American University, de Washington, D.C., a reger as cátedras de Filosofia Universal e de Religiões Comparadas, cargo este que exerceu durante cinco anos.

Durante a Segunda Guerra Mundial, foi convidado pelo Bureau of Inter-American Affairs, de Washington, a fazer parte do corpo de tradutores das notícias de guerra, do inglês para o português. Ainda na American University, de Washington, fundou o Brazilian Center, centro cultural brasileiro, com o fim de manter intercâmbio cultural entre o Brasil e os Estados Unidos.

Na capital dos Estados Unidos, Rohden frequentou, durante três anos, o Golden Lotus Temple, onde foi iniciado em Kriya Yoga por Swami Premananda, diretor hindu desse *ashram*.

Ao fim de sua permanência nos Estados Unidos, Huberto Rohden foi convidado a fazer parte do corpo docente da nova International Christian University (ICU) de Metaka, Japão, a fim de reger as cátedras de Filosofia Universal e Religiões Comparadas; mas, em virtude da Guerra na Coreia, a universidade japonesa não foi inaugurada, e Rohden regressou ao Brasil. Em São Paulo foi nomeado professor de Filosofia na Universidade Presbiteriana Mackenzie, cargo do qual não tomou posse.

Em 1952, fundou em São Paulo a Instituição Cultural e Beneficente Alvorada, onde, além da capital paulista, mantinha cursos permanentes, além de na capital paulista, no Rio de Janeiro e em Goiânia, sobre Filosofia Univérsica e Filosofia do Evangelho, e dirigia Casas de Retiro Espiritual (*ashrams*) em diversos estados do Brasil.

Em 1969, Huberto Rohden empreendeu viagens de estudo e experiência espiritual pela Palestina, pelo Egito, pela Índia e pelo Nepal, realizando diversas conferências com grupos de *yoguis* na Índia.

Em 1976, Rohden foi chamado a Portugal para fazer conferências sobre autoconhecimento e autorrealização. Em Lisboa fundou um setor do Centro de Autorrealização Alvorada.

Nos últimos anos, Rohden residia na cidade de São Paulo, onde permanecia alguns dias da semana escrevendo e reescrevendo seus livros, nos textos definitivos. Costumava passar três dias da semana no *ashram*, em contato com a natureza, plantando árvores, flores ou trabalhando no seu apiário modelo.

Quando estava na capital, Rohden frequentava periodicamente a editora responsável pela publicação de seus livros, dando-lhe orientação cultural e inspiração.

Fundamentalmente, toda a obra educacional e filosófica de Rohden divide-se em grandes segmentos: 1) a sede central da Instituição (Centro de Autorrealização), em São Paulo, que tem a finalidade de ministrar cursos e horas de meditação; 2) o *ashram*, situado a 70 quilômetros da capital, onde são oferecidos, periodicamente, os Retiros Espirituais, de 3 dias completos; 3) a Editora Martin Claret, de São Paulo, que difunde, por meio de livros, a Filosofia Univérsica; 4) um grupo de dedicados e fiéis amigos, alunos e discípulos, que trabalham na consolidação e na continuação da sua obra educacional.

À zero hora do dia 7 de outubro de 1981, após longa internação em uma clínica naturista de São Paulo, aos 87 anos, o professor Huberto Rohden partiu deste mundo e do convívio de seus amigos e discípulos. Suas últimas palavras em estado consciente foram: "Eu vim para servir a Humanidade".

Rohden deixa, para as gerações futuras, um legado cultural e um exemplo de fé e trabalho somente comparados aos dos grandes homens do nosso século.

Huberto Rohden é o principal editando da Editora Martin Claret.

Relação de obras do prof. Huberto Rohden

Coleção Filosofia Universal:

O Pensamento Filosófico da Antiguidade
A Filosofia Contemporânea
O Espírito da Filosofia Oriental

Coleção Filosofia do Evangelho:

Filosofia Cósmica do Evangelho
O Sermão da Montanha
Assim Dizia o Mestre
O Triunfo da Vida sobre a Morte
O Nosso Mestre

Coleção Filosofia da Vida:

De Alma para Alma
Ídolos ou Ideal?
Escalando o Himalaia
O Caminho da Felicidade
Deus

Em Espírito e Verdade
Em Comunhão com Deus
Cosmorama
Por Que Sofremos
Lúcifer e Lógos
A Grande Libertação
Bhagavad Gita (tradução)
Setas para o Infinito
Entre Dois Mundos
Minhas Vivências na Palestina, no Egito e na Índia
Filosofia da Arte
A Arte de Curar pelo Espírito (tradução)
Orientando para a autorrealização
Que Vos Parece do Cristo?
Educação do Homem Integral
Dias de Grande Paz (tradução)
O Drama Milenar do Cristo e do Anticristo
Luzes e Sombras da Alvorada
Roteiro Cósmico
A Metafísica do Cristianismo
A Voz do Silêncio
Tao Te Ching de Lao-Tsé (tradução) — Ilustrado
Sabedoria das Parábolas
O 5º Evangelho Segundo Tomé (tradução)
A Nova Humanidade
A Mensagem Viva do Cristo (Os Quatro Evangelhos — tradução)
Rumo à Consciência Cósmica
O Homem
Estratégias de Lúcifer

O Homem e o Universo
Imperativos da Vida
Profanos e Iniciados
Novo Testamento
Lampejos Evangélicos
O Cristo Cósmico e os Essênios
A Experiência Cósmica

Coleção Mistérios da Natureza:

Maravilhas do Universo
Alegorias
Ísis
Por Mundos Ignotos

Coleção Biografias:

Paulo de Tarso
Agostinho
Por um Ideal — 2 vols. Autobiografia
Mahatma Gandhi — Ilustrado
Jesus Nazareno — 2 vols.
Einstein — O Enigma da Matemática — Ilustrado
Pascal — Ilustrado
Myriam

Coleção Opúsculos:

Saúde e Felicidade pela Cosmo-meditação
Catecismo da Filosofia
Assim Dizia Mahatma Gandhi (100 Pensamentos)

Aconteceu Entre 2000 e 3000
Ciência, Milagre e Oração São Compatíveis?
Centros de Autorrealização

Relação dos Volumes Publicados

1. Dom Casmurro
   Machado de Assis
2. O Príncipe
   Maquiavel
3. Mensagem
   Fernando Pessoa
4. O Lobo do Mar
   Jack London
5. A Arte da Prudência
   Baltasar Gracián
6. Iracema / Cinco Minutos
   José de Alencar
7. Inocência
   Visconde de Taunay
8. A Mulher de 30 Anos
   Honoré de Balzac
9. A Moreninha
   Joaquim Manuel de Macedo
10. A Escrava Isaura
    Bernardo Guimarães
11. As Viagens - "Il Milione"
    Marco Polo
12. O Retrato de Dorian Gray
    Oscar Wilde
13. A Volta ao Mundo em 80 Dias
    Júlio Verne
14. A Carne
    Júlio Ribeiro
15. Amor de Perdição
    Camilo Castelo Branco
16. Sonetos
    Luís de Camões
17. O Guarani
    José de Alencar
18. Memórias Póstumas de Brás Cubas
    Machado de Assis
19. Lira dos Vinte Anos
    Alvares de Azevedo
20. Apologia de Sócrates / Banquete
    Platão
21. A Metamorfose/Um Artista da Fome/Carta ao Pai
    Franz Kafka
22. Assim Falou Zaratustra
    Friedrich Nietzsche
23. Triste Fim de Policarpo Quaresma
    Lima Barreto
24. A Ilustre Casa de Ramires
    Eça de Queirós
25. Memórias de um Sargento de Milícias
    Manuel Antônio de Almeida
26. Robinson Crusoé
    Daniel Defoe
27. Espumas Flutuantes
    Castro Alves
28. O Ateneu
    Raul Pompeia
29. O Noviço / O Juiz de Paz da Roça / Quem Casa Quer Casa
    Martins Pena
30. A Relíquia
    Eça de Queirós
31. O Jogador
    Dostoiévski
32. Histórias Extraordinárias
    Edgar Allan Poe
33. Os Lusíadas
    Luís de Camões
34. As Aventuras de Tom Sawyer
    Mark Twain
35. Bola de Sebo e Outros Contos
    Guy de Maupassant
36. A República
    Platão
37. Elogio da Loucura
    Erasmo de Rotterdam
38. Caninos Brancos
    Jack London
39. Hamlet
    William Shakespeare
40. A Utopia
    Thomas More
41. O Processo
    Franz Kafka
42. O Médico e o Monstro
    Robert Louis Stevenson
43. Ecce Homo
    Friedrich Nietzsche
44. O Manifesto do Partido Comunista
    Marx e Engels
45. Discurso do Método / Regras para a Direção do Espírito
    René Descartes
46. Do Contrato Social
    Jean-Jacques Rousseau
47. A Luta pelo Direito
    Rudolf von Ihering
48. Dos Delitos e das Penas
    Cesare Beccaria
49. A Ética Protestante e o Espírito do Capitalismo
    Max Weber
50. O Anticristo
    Friedrich Nietzsche
51. Os Sofrimentos do Jovem Werther
    Goethe
52. As Flores do Mal
    Charles Baudelaire
53. Ética a Nicômaco
    Aristóteles
54. A Arte da Guerra
    Sun Tzu
55. Imitação de Cristo
    Tomás de Kempis
56. Cândido ou o Otimismo
    Voltaire
57. Rei Lear
    William Shakespeare
58. Frankenstein
    Mary Shelley
59. Quincas Borba
    Machado de Assis
60. Fedro
    Platão
61. Política
    Aristóteles
62. A Viuvinha / Encarnação
    José de Alencar
63. As Regras do Método Sociológico
    Émile Durkheim
64. O Cão dos Baskervilles
    Sir Arthur Conan Doyle
65. Contos Escolhidos
    Machado de Assis
66. Da Morte / Metafísica do Amor / Do Sofrimento do Mundo
    Arthur Schopenhauer
67. As Minas do Rei Salomão
    Henry Rider Haggard
68. Manuscritos Econômico-Filosóficos
    Karl Marx
69. Um Estudo em Vermelho
    Sir Arthur Conan Doyle
70. Meditações
    Marco Aurélio
71. A Vida das Abelhas
    Maurice Materlinck
72. O Cortiço
    Aluísio Azevedo
73. Senhora
    José de Alencar
74. Brás, Bexiga e Barra Funda / Laranja da China
    Antônio de Alcântara Machado
75. Eugênia Grandet
    Honoré de Balzac
76. Contos Gauchescos
    João Simões Lopes Neto
77. Esaú e Jacó
    Machado de Assis
78. O Desespero Humano
    Sören Kierkegaard
79. Dos Deveres
    Cícero
80. Ciência e Política
    Max Weber
81. Satíricon
    Petrônio
82. Eu e Outras Poesias
    Augusto dos Anjos
83. Farsa de Inês Pereira / Auto da Barca do Inferno / Auto da Alma
    Gil Vicente
84. A Desobediência Civil e Outros Escritos
    Henry David Toreau
85. Para Além do Bem e do Mal
    Friedrich Nietzsche
86. A Ilha do Tesouro
    R. Louis Stevenson
87. Marília de Dirceu
    Tomás A. Gonzaga
88. As Aventuras de Pinóquio
    Carlo Collodi
89. Segundo Tratado Sobre o Governo
    John Locke
90. Amor de Salvação
    Camilo Castelo Branco
91. Broquéis/Faróis/ Últimos Sonetos
    Cruz e Souza
92. I-Juca-Pirama / Os Timbiras / Outros Poemas
    Gonçalves Dias
93. Romeu e Julieta
    William Shakespeare
94. A Capital Federal
    Arthur Azevedo
95. Diário de um Sedutor
    Sören Kierkegaard
96. Carta de Pero Vaz de Caminha a El-Rei Sobre o Achamento do Brasil
97. Casa de Pensão
    Aluísio Azevedo
98. Macbeth
    William Shakespeare

99. Édipo Rei/Antígona
   Sófocles
100. Lucíola
   José de Alencar
101. As Aventuras de Sherlock Holmes
   Sir Arthur Conan Doyle
102. Bom-Crioulo
   Adolfo Caminha
103. Helena
   Machado de Assis
104. Poemas Satíricos
   Gregório de Matos
105. Escritos Políticos / A Arte da Guerra
   Maquiavel
106. Ubirajara
   José de Alencar
107. Diva
   José de Alencar
108. Eurico, o Presbítero
   Alexandre Herculano
109. Os Melhores Contos
   Lima Barreto
110. A Luneta Mágica
   Joaquim Manuel de Macedo
111. Fundamentação da Metafísica dos Costumes e Outros Escritos
   Immanuel Kant
112. O Príncipe e o Mendigo
   Mark Twain
113. O Domínio de Si Mesmo pela Auto-Sugestão Consciente
   Émile Coué
114. O Mulato
   Aluísio Azevedo
115. Sonetos
   Florbela Espanca
116. Uma Estadia no Inferno / Poemas / Carta do Vidente
   Arthur Rimbaud
117. Várias Histórias
   Machado de Assis
118. Fédon
   Platão
119. Poesias
   Olavo Bilac
120. A Conduta para a Vida
   Ralph Waldo Emerson
121. O Livro Vermelho
   Mao Tsé-Tung
122. Oração aos Moços
   Rui Barbosa
123. Otelo, o Mouro de Veneza
   William Shakespeare
124. Ensaios
   Ralph Waldo Emerson
125. De Profundis / Balada do Cárcere de Reading
   Oscar Wilde
126. Crítica da Razão Prática
   Immanuel Kant
127. A Arte de Amar
   Ovídio Naso
128. O Tartufo ou O Impostor
   Molière
129. Metamorfoses
   Ovídio Naso
130. A Gaia Ciência
   Friedrich Nietzsche
131. O Doente Imaginário
   Molière
132. Uma Lágrima de Mulher
   Aluísio Azevedo
133. O Último Adeus de Sherlock Holmes
   Sir Arthur Conan Doyle
134. Canudos - Diário de uma Expedição
   Euclides da Cunha
135. A Doutrina de Buda
   Siddharta Gautama
136. Tao Te Ching
   Lao-Tsé
137. Da Monarquia / Vida Nova
   Dante Alighieri
138. A Brasileira de Prazins
   Camilo Castelo Branco
139. O Velho da Horta/Quem Tem Farelos?/Auto da Índia
   Gil Vicente
140. O Seminarista
   Bernardo Guimarães
141. O Alienista / Casa Velha
   Machado de Assis
142. Sonetos
   Manuel du Bocage
143. O Mandarim
   Eça de Queirós
144. Noite na Taverna / Macário
   Álvares de Azevedo
145. Viagens na Minha Terra
   Almeida Garrett
146. Sermões Escolhidos
   Padre Antonio Vieira
147. Os Escravos
   Castro Alves
148. O Demônio Familiar
   José de Alencar
149. A Mandrágora / Belfagor, o Arquidiabo
   Maquiavel
150. O Homem
   Aluísio Azevedo
151. Arte Poética
   Aristóteles
152. A Megera Domada
   William Shakespeare
153. Alceste/Electra/Hipólito
   Eurípedes
154. O Sermão da Montanha
   Huberto Rohden
155. O Cabeleira
   Franklin Távora
156. Rubáiyát
   Omar Khayyám
157. Luzia-Homem
   Domingos Olímpio
158. A Cidade e as Serras
   Eça de Queirós
159. A Retirada da Laguna
   Visconde de Taunay
160. A Viagem ao Centro da Terra
   Júlio Verne
161. Caramuru
   Frei Santa Rita Durão
162. Clara dos Anjos
   Lima Barreto
163. Memorial de Aires
   Machado de Assis
164. Bhagavad Gita
   Krishna
165. O Profeta
   Khalil Gibran
166. Aforismos
   Hipócrates
167. Kama Sutra
   Vatsyayana
168. Histórias de Mowgli
   Rudyard Kipling
169. De Alma para Alma
   Huberto Rohden
170. Orações
   Cícero
171. Sabedoria das Parábolas
   Huberto Rohden
172. Salomé
   Oscar Wilde
173. Do Cidadão
   Thomas Hobbes
174. Porque Sofremos
   Huberto Rohden
175. Einstein: o Enigma do Universo
   Huberto Rohden
176. A Mensagem Viva do Cristo
   Huberto Rohden
177. Mahatma Gandhi
   Huberto Rohden
178. A Cidade do Sol
   Tommaso Campanella
179. Setas para o Infinito
   Huberto Rohden
180. A Voz do Silêncio
   Helena Blavatsky
181. Frei Luís de Sousa
   Almeida Garrett
182. Fábulas
   Esopo
183. Cântico de Natal/ Os Carrilhões
   Charles Dickens
184. Contos
   Eça de Queirós
185. O Pai Goriot
   Honoré de Balzac
186. Noites Brancas e Outras Histórias
   Dostoiévski
187. Minha Formação
   Joaquim Nabuco
188. Pragmatismo
   William James
189. Discursos Forenses
   Enrico Ferri
190. Medeia
   Eurípedes
191. Discursos de Acusação
   Enrico Ferri
192. A Ideologia Alemã
   Marx & Engels
193. Prometeu Acorrentado
   Esquilo
194. Iaiá Garcia
   Machado de Assis
195. Discursos no Instituto dos Advogados Brasileiros / Discurso no Colégio Anchieta
   Rui Barbosa
196. Édipo em Colono
   Sófocles
197. A Arte de Curar pelo Espírito
   Joel S. Goldsmith
198. Jesus, o Filho do Homem
   Khalil Gibran
199. Discurso sobre a Origem e os Fundamentos da Desigualdade entre os Homens
   Jean-Jacques Rousseau
200. Fábulas
   La Fontaine
201. O Sonho de uma Noite de Verão
   William Shakespeare

202. MAQUIAVEL, O PODER
    José Nivaldo Junior
203. RESSURREIÇÃO
    Machado de Assis
204. O CAMINHO DA FELICIDADE
    Huberto Rohden
205. A VELHICE DO PADRE ETERNO
    Guerra Junqueiro
206. O SERTANEJO
    José de Alencar
207. GITANJALI
    Rabindranath Tagore
208. SENSO COMUM
    Thomas Paine
209. CANAÃ
    Graça Aranha
210. O CAMINHO INFINITO
    Joel S. Goldsmith
211. PENSAMENTOS
    Epicuro
212. A LETRA ESCARLATE
    Nathaniel Hawthorne
213. AUTOBIOGRAFIA
    Benjamin Franklin
214. MEMÓRIAS DE
    SHERLOCK HOLMES
    Sir Arthur Conan Doyle
215. O DEVER DO ADVOGADO /
    POSSE DE DIREITOS PESSOAIS
    Rui Barbosa
216. O TRONCO DO IPÊ
    José de Alencar
217. O AMANTE DE LADY
    CHATTERLEY
    D. H. Lawrence
218. CONTOS AMAZÔNICOS
    Inglês de Souza
219. A TEMPESTADE
    William Shakespeare
220. ONDAS
    Euclides da Cunha
221. EDUCAÇÃO DO HOMEM
    INTEGRAL
    Huberto Rohden
222. NOVOS RUMOS PARA A
    EDUCAÇÃO
    Huberto Rohden
223. MULHERZINHAS
    Louise May Alcott
224. A MÃO E A LUVA
    Machado de Assis
225. A MORTE DE IVAN ILICHT
    / SENHORES E SERVOS
    Leon Tolstói
226. ÁLCOOIS E OUTROS POEMAS
    Apollinaire
227. PAIS E FILHOS
    Ivan Turguêniev
228. ALICE NO PAÍS DAS
    MARAVILHAS
    Lewis Carroll
229. À MARGEM DA HISTÓRIA
    Euclides da Cunha
230. VIAGEM AO BRASIL
    Hans Staden
231. O QUINTO EVANGELHO
    Tomé
232. LORDE JIM
    Joseph Conrad
233. CARTAS CHILENAS
    Tomás Antônio Gonzaga
234. ODES MODERNAS
    Anntero de Quental
235. DO CATIVEIRO BABILÔNICO
    DA IGREJA
    Martinho Lutero
236. O CORAÇÃO DAS TREVAS
    Joseph Conrad
237. THAIS
    Anatole France
238. ANDRÔMACA / FEDRA
    Racine
239. AS CATILINÁRIAS
    Cícero
240. RECORDAÇÕES DA CASA
    DOS MORTOS
    Dostoiévski
241. O MERCADOR DE VENEZA
    William Shakespeare
242. A FILHA DO CAPITÃO /
    A DAMA DE ESPADAS
    Aleksandr Púchkin
243. ORGULHO E PRECONCEITO
    Jane Austen
244. A VOLTA DO PARAFUSO
    Henry James
245. O GAÚCHO
    José de Alencar
246. TRISTÃO E ISOLDA
    Lenda Medieval Celta de Amor
247. POEMAS COMPLETOS DE
    ALBERTO CAEIRO
    Fernando Pessoa
248. MAIAKÓSVSKI
    Vida e Poesia
249. SONETOS
    William Shakespeare
250. POESIA DE RICARDO REIS
    Fernando Pessoa
251. PAPÉIS AVULSOS
    Machado de Assis
252. CONTOS FLUMINENSES
    Machado de Assis
253. O BOBO
    Alexandre Herculano
254. A ORAÇÃO DA COROA
    Demóstenes
255. O CASTELO
    Franz Kafka
256. O TROVEJAR DO SILÊNCIO
    Joel S. Goldsmith
257. ALICE NA CASA DOS ESPELHOS
    Lewis Carrol
258. MISÉRIA DA FILOSOFIA
    Karl Marx
259. JÚLIO CÉSAR
    William Shakespeare
260. ANTÔNIO E CLEÓPATRA
    William Shakespeare
261. FILOSOFIA DA ARTE
    Huberto Rohden
262. A ALMA ENCANTADORA
    DAS RUAS
    João do Rio
263. A NORMALISTA
    Adolfo Caminha
264. POLLYANNA
    Eleanor H. Porter
265. AS PUPILAS DO SENHOR REITOR
    Júlio Diniz
266. AS PRIMAVERAS
    Casimiro de Abreu
267. FUNDAMENTOS DO DIREITO
    Léon Duguit
268. DISCURSOS DE METAFÍSICA
    G. W. Leibniz
269. SOCIOLOGIA E FILOSOFIA
    Émile Durkheim
270. CANCIONEIRO
    Fernando Pessoa
271. A DAMA DAS CAMÉLIAS
    Alexandre Dumas (filho)
272. O DIVÓRCIO /
    AS BASES DA FÉ /
    E OUTROS TEXTOS
    Rui Barbosa
273. POLLYANNA MOÇA
    Eleanor H. Porter
274. O 18 BRUMÁRIO DE
    LUÍS BONAPARTE
    Karl Marx
275. TEATRO DE MACHADO DE ASSIS
    Antologia
276. CARTAS PERSAS
    Montesquieu
277. EM COMUNHÃO COM DEUS
    Huberto Rohden
278. RAZÃO E SENSIBILIDADE
    Jane Austen
279. CRÔNICAS SELECIONADAS
    Machado de Assis
280. HISTÓRIAS DA MEIA-NOITE
    Machado de Assis
281. CYRANO DE BERGERAC
    Edmond Rostand
282. O MARAVILHOSO MÁGICO DE OZ
    L. Frank Baum
283. TROCANDO OLHARES
    Florbela Espanca
284. O PENSAMENTO FILOSÓFICO
    DA ANTIGUIDADE
    Huberto Rohden
285. FILOSOFIA CONTEMPORÂNEA
    Huberto Rohden
286. O ESPÍRITO DA FILOSOFIA
    ORIENTAL
    Huberto Rohden
287. A PELE DO LOBO /
    O BADEJO / O DOTE
    Artur Azevedo
288. OS BRUZUNDANGAS
    Lima Barreto
289. A PATA DA GAZELA
    José de Alencar
290. O VALE DO TERROR
    Sir Arthur Conan Doyle
291. O SIGNO DOS QUATRO
    Sir Arthur Conan Doyle
292. AS MÁSCARAS DO DESTINO
    Florbela Espanca
293. A CONFISSÃO DE LÚCIO
    Mário de Sá-Carneiro
294. FALENAS
    Machado de Assis
295. O URAGUAI /
    A DECLAMAÇÃO TRÁGICA
    Basílio da Gama
296. CRISÁLIDAS
    Machado de Assis
297. AMERICANAS
    Machado de Assis
298. A CARTEIRA DE MEU TIO
    Joaquim Manuel de Macedo
299. CATECISMO DA FILOSOFIA
    Huberto Rohden
300. APOLOGIA DE SÓCRATES
    Platão (Edição bilingue)
301. RUMO À CONSCIÊNCIA CÓSMICA
    Huberto Rohden
302. COSMOTERAPIA
    Huberto Rohden
303. BODAS DE SANGUE
    Federico García Lorca
304. DISCURSO DA SERVIDÃO
    VOLUNTÁRIA
    Étienne de La Boétie

305. Categorias
    Aristóteles
306. Manon Lescaut
    Abade Prévost
307. Teogonia /
    Trabalho e Dias
    Hesíodo
308. As Vítimas-Algozes
    Joaquim Manuel de Macedo
309. Persuasão
    Jane Austen
310. Agostinho - Huberto Rohden
311. Roteiro Cósmico
    Huberto Rohden
312. A Queda dum Anjo
    Camilo Castelo Branco
313. O Cristo Cósmico e os
    Essênios - Huberto Rohden
314. Metafísica do Cristianismo
    Huberto Rohden
315. Rei Édipo - Sófocles
316. Livro dos provérbios
    Salomão
317. Histórias de Horror
    Howard Phillips Lovecraft
318. O Ladrão de Casaca
    Maurice Leblanc
319. Til
    José de Alencar

Série Ouro
(Livros com mais de 400 p.)

1. Leviatã
    Thomas Hobbes
2. A Cidade Antiga
    Fustel de Coulanges
3. Crítica da Razão Pura
    Immanuel Kant
4. Confissões
    Santo Agostinho
5. Os Sertões
    Euclides da Cunha
6. Dicionário Filosófico
    Voltaire
7. A Divina Comédia
    Dante Alighieri
8. Ética Demonstrada à
    Maneira dos Geômetras
    Baruch de Spinoza
9. Do Espírito das Leis
    Montesquieu
10. O Primo Basílio
    Eça de Queirós
11. O Crime do Padre Amaro
    Eça de Queirós
12. Crime e Castigo
    Dostoiévski
13. Fausto
    Goethe
14. O Suicídio
    Émile Durkheim
15. Odisseia
    Homero
16. Paraíso Perdido
    John Milton
17. Drácula
    Bram Stoker
18. Ilíada
    Homero
19. As Aventuras de
    Huckleberry Finn
    Mark Twain
20. Paulo – O 13º Apóstolo
    Ernest Renan
21. Eneida
    Virgílio
22. Pensamentos
    Blaise Pascal
23. A Origem das Espécies
    Charles Darwin
24. Vida de Jesus
    Ernest Renan
25. Moby Dick
    Herman Melville
26. Os Irmãos Karamazovi
    Dostoiévski
27. O Morro dos Ventos
    Uivantes
    Emily Brontë
28. Vinte Mil Léguas
    Submarinas
    Júlio Verne
29. Madame Bovary
    Gustave Flaubert
30. O Vermelho e o Negro
    Stendhal
31. Os Trabalhadores do Mar
    Victor Hugo
32. A Vida dos Doze Césares
    Suetônio
33. O Moço Loiro
    Joaquim Manuel de Macedo
34. O Idiota
    Dostoiévski
35. Paulo de Tarso
    Huberto Rohden
36. O Peregrino
    John Bunyan
37. As Profecias
    Nostradamus
38. Novo Testamento
    Huberto Rohden
39. O Corcunda de Notre Dame
    Victor Hugo
40. Arte de Furtar
    Anônimo do século XVII
41. Germinal
    Émile Zola
42. Folhas de Relva
    Walt Whitman
43. Ben-Hur — Uma História
    dos Tempos de Cristo
    Lew Wallace
44. Os Maias
    Eça de Queirós
45. O Livro da Mitologia
    Thomas Bulfinch
46. Os Três Mosqueteiros
    Alexandre Dumas
47. Poesia de
    Álvaro de Campos
    Fernando Pessoa
48. Jesus Nazareno
    Huberto Rohden
49. Grandes Esperanças
    Charles Dickens
50. A Educação Sentimental
    Gustave Flaubert
51. O Conde de Monte Cristo
    (Volume I)
    Alexandre Dumas
52. O Conde de Monte Cristo
    (Volume II)
    Alexandre Dumas
53. Os Miseráveis (Volume I)
    Victor Hugo
54. Os Miseráveis (Volume II)
    Victor Hugo
55. Dom Quixote de
    La Mancha (Volume I)
    Miguel de Cervantes
56. Dom Quixote de
    La Mancha (Volume II)
    Miguel de Cervantes
57. As Confissões
    Jean-Jacques Rousseau
58. Contos Escolhidos
    Artur Azevedo
59. As Aventuras de Robin Hood
    Howard Pyle
60. Mansfield Park
    Jane Austen